EDUCAR
sin maltratar

EDUCAR
sin maltratar

David Solá

Dedicatoria:

Me siento muy afortunado y agradecido de haber contado en mi vida con los mejores maestros: mi esposa, mis hijos y el conjunto de toda mi familia.

Y por si esto fuera poco, he disfrutado de cientos de familias a las que he podido ayudar, y me han enseñado mucho sobre el arte de amar, convivir y educar.

Ediciones Noufront
Plaza Vil·la Romana nº 3, 1º-3ª
43800 VALLS
Tel. 977 606 584
Tarragona (España)
info@edicionesnoufront.com
www.edicionesnoufront.com

Diseño de cubierta e interior: Ediciones Noufront
Fotografía de cubierta: Istock Photo
Corrección: Blanca Hermosa

5ª Edición: Marzo 2008

Depósito Legal: B.15994-2008 Unión Europea
978-84-935641-8-6

Printed by Publidisa

ÍNDICE

Prólogo, por Marga Muñiz Aguilar.............................9
Carta de un hijo a todos los padres y madres del mundo.................11

Parte 1:

   1: La educación en crisis....................................13

   2: ¿Qué son los malos tratos?..........................23

Parte 2:

   3: Cuestión de personalidad............................37

   4: ¿Por qué se portan mal?.............................. 47

   5: ¿En qué consiste educar?............................ 67

Parte 3:

   6: El principio de autoridad.............................73

   7: El aprendizaje eficiente...............................99

   8: Cómo corregir con amor............................119

   9: La maravillosa comunicación....................131

   10: Desarrollo de los valores.........................141

   11: La escuela, ¡uf!.. 157

   12: ¡S.O.S.! Llega la adolescencia................. 165

   13: Algo esencial... 179

Parte 4:

   14: Educar hijos con problemas....................189

Respuesta de unos "padres del mundo" a la carta de su hijo.............211

Prólogo

La educación es, sin duda, un reto y, como todo reto, necesita preparación, tiempo e ilusión. Si una persona se propusiera escalar una gran montaña, tendría que prepararse a fondo conociendo sus características, tendría que dedicarle tiempo a la ejecución del proyecto y, además, ninguno de estos esfuerzos le compensaría si no tuviera ilusión para conseguir su objetivo.

Muchas veces nos enfrentamos al reto de la maternidad o de la paternidad sin más pertrecho que la buena voluntad, la improvisación, y un sentimiento utópico de que todo va a salir bien sin más, simplemente porque queremos mucho a esa nueva criatura que tenemos en nuestros brazos. La realidad, sin embargo, se encargará bien pronto de demostrarnos lo inadecuado de estos planteamientos; de ahí la utilidad de un libro como éste, que hace un recorrido bastante pormenorizado por todas aquellas cuestiones que necesitamos conocer para educar a nuestros hijos sin dañarlos emocionalmente y que, además, nos ayuda a formarnos primero a nosotros mismos para formarlos a ellos después.

Una de las muchas virtudes de este libro es que está escrito desde la experiencia, tanto profesional, como personal del autor. Como psicólogo clínico, David Solá ha ayudado a muchas familias a solucionar los múltiples problemas que a veces surgen en la convivencia diaria, pero, además, le avala su experiencia personal como padre de dos hijos y dos hijas. Su familia es de ésas que cuando la conoces no pasa simplemente por tu vida, sino que se queda en ella, enriqueciéndola.

Se trata, pues, de una valiosa aportación para todas aquellas personas que deseamos que la educación de nuestros hijos y de nuestras hijas no sea una tarea ardua y frustrante, sino una aventura apasionante a la que enfrentarnos cada día con nuevas ilusiones.

Marga Muñiz Aguilar
Orientadora Educativa y Logopeda

CARTA DE UN HIJO A TODOS LOS PADRES Y MADRES DEL MUNDO

Queridos papás:

No me deis todo lo que os pido, a veces sólo pido para ver hasta cuánto podré tomar.

No me gritéis, os respeto menos cuando me gritáis y me enseñáis a gritar a mí también, y yo no quisiera gritar.

No me deis siempre órdenes y más órdenes, si a veces me pidierais las cosas yo lo haría más rápido y con más gusto.

Cumplid vuestras promesas, buenas o malas. Si me prometéis un premio, quiero recibirlo y también si es una corrección.

No me comparéis con nadie (especialmente con mi hermano); si me presentáis como mejor que los demás alguien va a sufrir, y si peor, seré yo quien sufra.

No cambiéis de opinión tan a menudo sobre lo que debo hacer, decidíos y mantened esa decisión.

Dejadme valerme por mí mismo. Si hacéis todo por mí nunca podré aprender.

Corregidme con ternura.

No digáis mentiras delante de mí, ni me pidáis que las diga por vosotros, aunque sea para sacaros de un apuro. Está mal. Me hace sentir mal y pierdo la fe en lo que vosotros decís.

Cuando hago algo malo no me exijáis que os diga el "porqué lo hice", a veces ni yo mismo lo sé.

Si alguna vez os equivocáis en algo, admitidlo, así se fortalece la opinión que tengo de vosotros y me enseñáis a admitir mis propias equivocaciones.

Tratadme con la misma amabilidad y cordialidad con que veo que tratáis a vuestros amigos, pues por ser familia no significa que no podamos ser también amigos.

No me pidáis que haga una cosa que vosotros no hacéis; yo aprenderé a hacer todo lo que vosotros hacéis aunque no me lo digáis, pero difícilmente haré lo que decís y no hacéis.

Cuando os cuente un problema mío, aunque os parezca muy pequeño, no me digáis "no tenemos tiempo ahora para esas bobadas"; tratad de comprenderme, necesito que me ayudéis, necesito de vosotros.

Para mí es muy necesario que me queráis y me lo digáis, casi lo que más me gusta es escucharos decir: "te queremos".

Abrazadme, necesito sentiros muy cerca de mí. Que vosotros no os olvidéis que yo soy, ni más ni menos que vuestro hijo.

Yo
(Autor desconocido)

1: La educación en crisis

Parte 1.

> "Cuando los hijos son pequeños, te los comerías.
> Cuando se hacen mayores, te arrepientes de no habértelos comido."

Con frecuencia recibo en mi consulta a muchos padres que lamentan cómo sus hijos los maltratan psicológicamente: les hablan sin respeto, y exigen sin atender a razones. Se muestran incapaces de apreciar el esfuerzo, la dedicación y hasta el servilismo de sus padres hacia ellos. Siempre se están quejando y ni siquiera les permiten mantener una simple conversación. Se comportan como si los padres no tuvieran ningún derecho y su existencia sólo tuviera sentido para servir a los hijos en todo lo que ellos desean. No quieren escuchar razones: cuando los padres dicen que no pueden, ellos interpretan que no quieren. Si les dicen que no es bueno para ellos, les responden que no están para sermones y que saben muy bien lo que han de hacer con su vida. En definitiva, los padres llegan a desesperarse y no sólo sienten dolor y frustración, sino también resentimiento contra sus hijos.

Estos padres nunca podían imaginar que llegaran a presentarse este tipo de situaciones cuando sus hijos eran unos maravillosos bebés, los cogían entre sus brazos y los arrullaban con toda la ternura y cariño del mundo. Soñaban con preciosos planes para compartir sus vidas, cuidarlos y enseñarles muchas cosas, viéndoles crecer felices a su lado, esperando cuando fueran mayores algún tipo de reconocimiento por su labor de entrega y dedicación.

Pusieron todo su empeño como padres: trataron de que no les faltase nada; tuvieron especial interés en proveerles de todo aquello de lo que carecieron ellos cuando fueron niños, se esforzaron para que en ningún momento se sintieran inferiores a sus compañeros, cubriendo sus necesidades y caprichos en abundancia. ¿Cómo pudieron convertirse en estos adolescentes irrespetuosos y egoístas sin escrúpulos?

Causa y efecto

Una de las leyes universales que rigen en la vida de las personas reza así: "Cada uno cosecha lo que siembra"; y según este principio, la mala conducta de los hijos hacia los padres, es la consecuencia lógica de la educación y de las relaciones disfuncionales entre unos y otros. En honor a la verdad, hay que decir que esta regla tiene muchos condicionantes en cuanto a la expectativa de obtener un resultado deseado: padres que tienen dos hijos, uno crece bien educado y el otro mal educado; el primero da muchas satisfacciones y el segundo muchos disgustos. Los padres intentaron hacer las cosas lo mejor posible en los dos casos, aplicando las mismas normas y estrategias, pero la respuesta de cada uno ha sido diferente. Tanto los estudios realizados sobre la educación de los hijos como la propia experiencia demuestran que hay diversos factores que pueden dar al traste con un tratamiento normalizado por parte de los padres hacia los hijos. Lo que es válido para un hijo, no lo es para el otro. Lo que es válido a una determinada edad, no lo es en otra. Dos hijos resultarán necesariamente diferentes: lo son genéticamente, lo son anímicamente, y por mucho que nos empeñemos en que vivan en iguales condiciones ambientales, será totalmente imposible conseguirlo; su posición en la constelación familiar no es la misma, la gente con la que cada uno de ellos se relacionará tampoco, y el tipo de interrelación que se desarrolle entre unos y otros también diferirá.

Por otra parte, desde el autoritarismo a la permisividad de los padres, existe un amplio espectro de posiciones que se entremezclan: el abuso con el servilismo, los buenos propósitos con la incompetencia, la sensatez con la falta de formación y, en definitiva, suele encontrarse mucha incoherencia y confusión en la manera de educar a los hijos.

Si a la variabilidad que encontramos en los hijos en cuanto a condiciones personales y ambientales le añadimos la de los padres, las posibilidades de hacer previsiones se reducen enormemente. Entonces, ¿puede concluirse que el comportamiento de un hijo es totalmente aleatorio e imprevisible? Esto sería irnos al otro extremo y sacudirnos toda la responsabilidad que tenemos como padres y educadores.

El principio universal que se ha mencionado anteriormente es válido y verdadero: si uno siembra tomates, necesariamente recogerá tomates. Lo que ocurre es que cuando el ciclo vital se pone en marcha, es muy posible, que no sólo nazcan tomates, sino también otras hierbas que pueden perjudicarles. Cualquiera podría pensar que sólo se sembraron semillas de tomate, pero en la tierra también había otras semillas incontroladas, y ella alimentó tanto a unas como a otras. Hay que eliminar las malas hierbas, regar y abonar adecuadamente, porque cualquier carencia o exceso sería perjudicial. No acaban aquí los factores que determinan el resultado; la planta puede sufrir algún tipo de enfermedad, como la carencia de potasio, que deberá ser tratada a tiempo; el frío debilita la planta y favorece la aparición de hongos dañinos; diferentes orugas e insectos se encuentran siempre dispuestos a invadir la planta para acabar con ella o no dejar que los tomates puedan desarrollarse. Siempre habrá que estar alerta y combatir las plagas. Si a la planta no se le ponen unas guías mientras va creciendo también puede malograrse el fruto. No todas las semillas de tomates son de la misma calidad, tampoco la tierra, ni la habilidad y experiencia de los agricultores. En definitiva, si se plantan tomates, saldrán tomates, pero hay muchos más factores que intervienen en su crecimiento y en el éxito de la cosecha.

Muchos de estos factores pueden ser controlados si el agricultor se prepara para ello y actúa inteligentemente, dejando al azar lo menos posible; entonces, el principio universal se cumplirá de forma mucho más real y generosa.

Educar hoy, una tarea difícil

Los postulados antiguos no son válidos hoy en una sociedad que ha cambiado radicalmente en pocos años. Formas de educar rígidas y severas son descartadas por la mayoría de padres, pero éstos no saben muy bien cuál es la alternativa válida para que los hijos sean obedientes, respetuosos y responsables.

Algunos abuelos explican que antes no estaban tan preocupados por la educación de sus hijos y las cosas les iban mucho mejor que hoy. En parte es cierto, hay una serie de factores socioeconómicos, culturales, religiosos, familiares y personales que han cambiado notablemente. Éstos son en buena medida responsables de que en la actualidad, todo sea mucho más complejo que cincuenta años atrás.

Buena parte de los jóvenes tiene trastocados algunos valores que consideramos hasta ahora como esenciales: en las familias no muestran respeto y afecto por los padres, sus compañeros los ridiculizarían. No consideran el instituto como una oportunidad de aprender, al contrario, van a pasárselo bien, estorban el trabajo de los profesores y se lo hacen difícil a los compañeros que quieren estudiar, así se sienten importantes. Sus objetivos primordiales son los placeres intensos e inmediatos: alcohol, sexo, drogas de diseño, música dura, televisión y juegos electrónicos. Huyen de las responsabilidades, no les preocupa el futuro. Carecen de interés y admiración por los ideales nobles, y por todo aquello que dignifica y enriquece al ser humano. Ante este panorama, la pregunta es: ¿dónde está todo lo positivo que los padres les han enseñado? Aunque innegablemente los padres han impartido muchas cosas positivas a sus hijos, no hay que olvidar que impartir no significa necesariamente recibir y asimilar. La consistencia y coherencia son imprescindibles en la educación, así como el control sobre las influencias negativas, para determinar el resultado de la misma. Éstos y otros tantos factores son fundamentales en los tiempos que vivimos para llegar a buen puerto en la aventura del cuidado y formación de los hijos.

Algunas de las condiciones que han contribuido a desencadenar la situación actual en las familias y en la sociedad, se han ido extendiendo como una mancha de aceite alcanzando a unos y a otros: los que están más arriba y los que están más abajo, los de la izquierda y los de la derecha, todos nos encontramos inmersos en una sociedad que conjuga lo positivo con lo negativo confundiendo y arrastrando a los más vulnerables en su inercia imparable.

Los cambios en el contexto socioeconómico en las últimas décadas han provocado un deterioro progresivo de muchos patrones de comportamiento y pautas socioculturales fundamentales para el equilibrio familiar y psicológico. Los propios valores que predominan en nuestra sociedad tales como la competitividad, el culto al triunfo y a la riqueza, el consumismo, el individualismo, la insolidaridad, la deshumanización, la tolerancia y los derechos humanos llevados al absurdo, por no seguir citando otros, han sustituido a algunos valores que anteriormente marcaban otras directrices a nivel personal, familiar y social.

Muchos de los desajustes y trastornos de conducta que sufren los menores son, en su mayoría, producto de situaciones familiares conflictivas o carentes de los requisitos básicos para poder atender adecuadamente la educación de los hijos en un entorno tan rico, complicado e influyente.

Los padres están muy ocupados y tienen poco tiempo para dedicar a los hijos. Llevar adelante la familia, con todas las necesidades y compromisos que la sociedad actual impone para estar integrados y no descolgarse de su evolución, requiere un gran esfuerzo. Los dos se ven obligados a trabajar intensamente para poder adquirir lo básico y lo superfluo que aparentemente da una mejor calidad de vida, aunque lo esencial se pierda por el camino.

Los hijos reclaman atención y tiempo de los padres, lo hacen de muchas formas y si no lo consiguen o se les da un trato inadecuado, comienzan protestando, siguen portándose mal, y terminan por buscarse otros sustitutos generalmente negativos. Entonces, suelen descalificar a los padres como las figuras representativas de su vida a quien ya no les reconocen una serie de atributos, entre ellos la autoridad.

El tiempo que los padres dedican a sus hijos no siempre es de calidad. En la sociedad occidental la mayoría de niños tienen sobradamente cubiertas sus necesidades básicas tanto físicas como formativas, así como de cosas materiales, actividades extraescolares y ocio, pero tienen carencia de otros elementos mucho más sutiles como el afecto y su expresión, la buena comunicación, el interés por el desarrollo de ideales y valores personales, la participación conjunta de padres e hijos en actividades cotidianas, formativas o de ocio, que resultan imprescindibles para el desarrollo integral de la persona. Es cierto que hay limitaciones de tiempo, pero a esto se le añade el cansancio de los padres después de la jornada de trabajo y su disposición, interés, planificación y propósito en este sentido.

Muchos padres no tienen la formación necesaria para emplearse eficazmente en la labor educativa. Más del 60% de la población española consideran que no está preparada para ser padre o madre cuando tienen su primer hijo. Y el porcentaje se mantiene en un nivel algo inferior al considerar que, en general, padres y madres siguen sin estar preparados después del segundo o tercer hijo. Pocos padres muestran un interés sincero en formarse adecuadamente para realizar una labor eficiente con sus hijos, proporcionándoles una calidad de atención y educación personal para que puedan desarrollar y disfrutar de todo su potencial como personas.

Prepararse requiere tanto adquirir conocimientos como liberarse de conceptos, actitudes y hábitos negativos. El padre y la madre ante todo son personas: con sus virtudes y defectos, sus experiencias positivas y negativas y no podrán transmitir más de lo que son y tienen si no crecen juntamente con los hijos.

Intervienen otras figuras educativas con escasa colaboración y control por parte de los padres. A causa de las circunstancias particulares de muchas familias, la mayor parte del tiempo los hijos no están con los padres, y éstos, tienen que auxiliarse de otros familiares, de canguros, de guarderías y de actividades extraescolares cuando son un poco mayores. El núcleo familiar no es la base de operaciones principal, sino que existen diferentes áreas donde pueden vivirse situaciones o realizarse actividades contradictorias con los deseos de los padres. Suelen encontrarse niños que muestran mucha resistencia a la educación de los padres o que actúan de formas muy diferentes cuando están en casa o en otro ambiente. Los padres no son conscientes en muchos casos de lo que ocurre y con el tiempo se sorprenden de los cambios radicales que experimentan sus hijos al llegar la adolescencia.

Podría ser que por un exceso de confianza, por dejadez o por otras razones, los padres no supervisen conjuntamente el comportamiento y los progresos de su hijo. El hijo es un ejemplar único y tiene una sola oportunidad en la vida, no se puede pensar que si sale mal habrá otra oportunidad para él. Posiblemente habrá oportunidades de arreglar o compensar lo deteriorado, pero no de poner otro fundamento.

La influencia externa al hogar acostumbra a ser mucha y muy negativa. Uno de los elementos más significativos de nuestro tiempo es la televisión. Dentro de muchas familias tiene un protagonismo exagerado, acaparando la atención de algunos de sus miembros hasta el punto de ser más importante que cualquier otra relación intrafamiliar.

Gracias a la televisión, los menores conocen el mundo adulto sin haberlo vivido, ni asimilado de forma adecuada y eso distorsiona de manera muy negativa su proceso de maduración personal. La riqueza de estímulos de nuestro entorno social hace que los menores se desarrollen más de lo que sus padres son capaces de controlar y, entonces, aparecen una serie de conflictos difíciles de manejar para los padres que sucumben a esta influencia o toman decisiones drásticas que causan a su vez más conflictos. Por supuesto, no sólo es la televisión, son los compañeros de estudios y amigos, publicaciones, moda, música, la necesidad de rodearse y manejar toda suerte de artilugios electrónicos. Todo lo que no es familia irrumpe en la familia e interfiere en sus relaciones y proceso educativo de los hijos.

Aún estamos a tiempo

No sé cuántos hijos tiene, tampoco sé cuál es su edad, ni cuántos problemas padecen juntos. Pero quiero decirles, que si están a su lado, aún están a tiempo.

Me decía una madre de tres hijos después de haber tenido algunas entrevistas: "Con el tercero, sé que estoy a tiempo de poner buenos fundamentos y poder construir derecho más tarde. Pero con los otros dos, ya he perdido la oportunidad".

Es cierto que cuanto más avanzada sea la edad del hijo, y más instaurados estén los hábitos negativos, más difícil será la tarea. Pero siempre se puede intervenir en las construcciones realizadas, y lo más importante: existe la posibilidad de construir nuevas estructuras más positivas y adecuadas. He visto el suficiente número de transformaciones personales y familiares como para alentarles a intentarlo de nuevo.

Es necesario tomar conciencia de quién está conduciendo nuestra familia, si tenemos objetivos realmente claros en cuanto a la educación de nuestros hijos, el estilo de vida y la convivencia que deseamos disfrutar en nuestro hogar, los valores e ideales que deben sostener toda la labor como padres y educadores.

Pensar por nosotros mismos en cuestiones tan trascendentales es fundamental, así como auxiliarnos de los medios que pueden ayudarnos a conseguir los objetivos deseados, sin permitir que otros lo hagan por nosotros y dirijan nuestras vidas directa o indirectamente. Se puede vivir en esta sociedad sin ser necesariamente víctima de su loca inercia si nos lo proponemos y nos preparamos para ello.

En las páginas siguientes, intento presentar una aportación que ha sido trabajada y experimentada conjuntamente con muchas familias de diferentes idiosincrasias. Se describen los principios, estrategias y recursos para la educación y tratamiento de problemas entre padres e hijos que han mostrado resultados muy satisfactorios. No tiene sentido sufrir la más gratificante realización personal que existe en este mundo: ser madre y padre. Ni el mayor de los privilegios: ser hijo e hija.

2: ¿QUÉ SON LOS MALOS TRATOS?

PARTE 1.

> Los hijos son una herencia de Dios, los frutos del vientre son una recompensa.
>
> **Libro de los Salmos 127:3**

Hasta hace poco tiempo, los malos tratos se relacionaban generalmente con diferentes formas de violencia física. Sin embargo, la psicología moderna nos ha hecho más conscientes de las necesidades integrales del ser humano. Ahora sabemos que existen otras clases de violencia que también causan daño a la persona, sobre todo a los niños por su condición de indefensión.

La violencia suele ser una forma de ejercer el poder mediante el empleo de la fuerza (ya sea física, psicológica o asistencial) e implica la existencia de dos posiciones a distinto nivel: "arriba y abajo", reales o simbólicas. En estas condiciones, el empleo de la fuerza puede ser un método eficaz (aunque no eficiente) para la resolución de conflictos. Es un intento de doblegar la voluntad del otro, anulando su calidad de "persona" para mantener el control de la relación.

Buena parte de la sociedad acepta la práctica de pegar a los niños, con independencia del nivel social o del sexo de quien opine: Las autoridades religiosas, políticas y judiciales se han mostrado a favor del castigo físico en distintas ocasiones. Diversas estadísticas realizadas en países europeos coinciden en que el 70% de adultos recuerdan haber sido pegados en casa, y más del 50% de los encuestados acepta que esta práctica a veces es necesaria. Cuanto mayor es el grado de autoritarismo de la persona, más justifica las distintas formas de violencia.

Se han realizado campañas de sensibilización para concienciar a la población y lograr la prohibición explícita del castigo físico en la familia. El primer país que introdujo en su legislación esta prohibición fue Suecia. Después de desarrollar una campaña nacional de concienciación en este sentido, se consiguió que la mayor parte de la población se mostrara contraria a cualquier tipo de castigo físico. Actualmente, buen número de países sigue esta misma política en defensa del menor.

El maltrato físico

La madre que le da una bofetada a su hijo intentando frenar una rabieta porque no le quiere comprar algo, el padre que lo zarandea cuando le ignora, y otras acciones similares son escenas cotidianas en nuestra vida. Para la mayoría de las personas este tipo de prácticas no parece nada extraño y, sin embargo, es algo que nos hace sentir mal. Incluso muchos de los que defienden racionalmente el uso del castigo físico no pueden dejar de sentir cierto disgusto después de aplicarlo.

Hay argumentos populares para todos los gustos, desde los que lo justifican por el hecho de que todos lo hemos vivido y no nos ha pasado nada, hasta considerarlo como algo "inherente" a determinadas culturas.

Se ha tratado de explicar que en estas prácticas existe una diferencia importante entre el castigo físico y el maltrato físico que radica en dos factores principales:

- **Intensidad:** Valorar la existencia o no de lesiones derivadas de la violencia ejercida.
- **Intención:** Cuando la intención real del maltratador no es educar. Pero hay dos cuestiones importantes que parecen obviarse en esta argumentación:
- **Indefinición:** habría que conocer cada criterio individual para evaluar si existe o no una lesión; o si la intención real que ha movido al adulto a ejercer la violencia ha sido educar al niño, o neutralizar su estado de alteración.

· **Dignidad:** ningún adulto consideraría adecuado que alguien le aplicara un correctivo basado en la violencia física por haber transgredido una norma. Agredir a los adultos se considera un delito, pero hacerlo con los niños se acepta como un derecho de los padres, como una forma de legitimar su autoridad y de encauzar a sus hijos.

De todas maneras, diferentes organismos internacionales han tratado de definir el maltrato físico, produciendo toda una serie de declaraciones, cuya síntesis vendría a ser la siguiente: *El maltrato físico es una acción intencionada de un adulto hacia un niño que le provoca algún tipo de daño físico, o que lo coloca en grave riesgo de padecerlo como consecuencia de una negligencia voluntaria.*

Factores que promueven el maltrato

Evidentemente, los padres que recurren al castigo físico lo hacen en base a un conjunto de factores personales, sociales y culturales que legitiman sus acciones:

· Las familias suelen corresponder a un modelo autoritario, donde el concepto de respeto se entiende en una sola dirección, sin reciprocidad entre todos sus miembros.
· La dependencia de los más débiles se refuerza, y la autonomía es un derecho no reconocido de forma igualitaria para todos los miembros del núcleo familiar.
· Los padres creen que los hijos son su propiedad privada, y todo lo que pasa dentro del hogar incumbe exclusivamente al ámbito íntimo de la familia.
· El grado de verticalidad y de rigidez en la estructura familiar es muy notable.
· Se asume el uso de castigos físicos como método educativo para asegurar la obediencia y el respeto de los hijos.

- Los padres suelen presentar la carencia de otros recursos o estrategias para estimular las conductas positivas de los hijos y cambiar las negativas.
- Por último, la falta de autocontrol de los padres en situaciones de conflicto con los hijos es frecuente y común en este tipo de familias.

Un caso particular de castigo físico

Dentro de la civilización occidental, hay un buen número de personas que aplican el castigo físico con instrumentos para disciplinar. No todos lo hacen por las misma razones, pero existe un colectivo de padres que lo llevan a cabo de forma sistemática y defienden este método como el único realmente eficaz y educativo.

La principal razón para su adhesión a esta práctica es, sencillamente, que figura en la Biblia. Efectivamente, existen una serie de expresiones en el Libro de los Proverbios[1] relativas a la educación en la cultura y contexto histórico de su época (hace aproximadamente unos 3.000 años):

> *"La necedad es parte del corazón juvenil, pero la vara de la disciplina lo corrige." (Pr. 22:15)*
> *"La vara de la disciplina imparte sabiduría, pero el hijo malcriado avergüenza a su madre." (Pr. 29:15)*
> *"El látigo es para los caballos, el freno para los asnos, y el garrote para la espalda del necio." (Pr. 26:3)*
> *"En los labios del prudente hay sabiduría, en la espalda del falto de juicio, sólo garrotazos." (Pr. 10:13)*
> *"Los golpes y las heridas curan la maldad; los azotes purgan lo más íntimo del ser." (Pr. 20:30)*

La cuestión es que los padres que asumen esta concepción de la educación y la practican, no interpretan adecuadamente estas instrucciones.

---

[1] La Biblia, versión Reina-Valera 1960. Las cifras de cada cita bíblica corresponden al capítulo y al verso correspondiente.

Por ejemplo: podemos considerar la mentira como una maldad, pero los golpes y las heridas no curan la motivación que lleva a mentir; al contrario, la experiencia demuestra que muchas veces la potencian. La mentira se cura generalmente con la eliminación del temor que la provoca.

Es evidente que cuando leemos un proverbio como: *"la vara de la disciplina imparte sabiduría..."*, debemos interpretarlo de forma simbólica: no hay ninguna vara que imparta sabiduría. Sólo quien tiene sabiduría puede impartirla y las varas no la tienen. Esta frase puede considerarse una metonimia: el padre o el maestro que impartían sabiduría, tenían una vara para golpear al hijo o al alumno que transgredía una norma. En aquella época se consideraba que el castigo físico era tan fundamental en la educación como las explicaciones que se impartían. De esta forma se corregían las diferencias que se presentaban en la práctica, entre la enseñanza impartida por el educador y la conducta realizada por el alumno.

En el proverbio *"En los labios del prudente hay sabiduría, en la espalda del falto de juicio, sólo garrotazos"* podemos ver que el énfasis está puesto en la corrección de las desviaciones: el que no había sido capaz de desarrollar la prudencia a través de las enseñanzas recibidas habría demostrado su falta de juicio, que no de garrotazos. En aquellos tiempos la forma habitual para hacer reflexionar al que no aprendía era darle garrotazos, pero el objetivo esencial era ayudarle a desarrollar el juicio.

Esta forma de corregir propia de aquella época histórica, no sólo se aplicaba a la educación de los niños, sino que alcanzaba también a los adultos como método para que cumplieran las leyes. Como se puede comprobar en los proverbios mencionados, algunos de ellos no se refieren expresamente a los niños, sino a cualquier persona: *"El látigo es para los caballos, el freno para los asnos, y el garrote para la espalda del necio."* En aquel contexto sociocultural, la forma de corregir a un transgresor adulto era la violencia. Esa práctica era asumida como la forma correcta de tratar lo incorrecto, independientemente de la edad de la persona.

En una ocasión me encontraba comiendo con varios matrimonios, y en un momento de la conversación salió el tema del castigo físico. Alguno de ellos defendía la práctica de azotar con un instrumento para disciplinar a sus hijos. Cuando se le pidió que considerase que esta "buena práctica" fuera aplicada a los adultos cuando infringiesen alguna norma (tal como ocurre en la actualidad en algunos sistemas legales), su reacción inmediata fue calificar dichas penas como una *"crueldad"*. El interrogante surge de inmediato: ¿azotar a un adulto es una crueldad, y a un niño no? La respuesta a esta cuestión condiciona directamente la dignidad que se atribuye a una persona en función de su edad: a más edad, más dignidad.

Por otra parte, sería difícil encontrar a unos padres de los que están de acuerdo en corregir con castigo físico, que aceptaran el hecho de que su hijo lo sufriera de una persona ajena a la familia. En algunos de los proverbios mencionados no especifica quién ha de aplicar el castigo, sino que el énfasis radica en el propio castigo físico.

De tomar literalmente esas instrucciones bíblicas sobre la educación de los hijos, los padres que así lo asuman, deberían ser coherentes y adoptar otras prácticas habituales de aquella civilización en el trato con los hijos y que también se encuentran descritas en la Biblia. Por ejemplo: según el libro de Deuterenomio (21:18-21) y dentro del marco de las leyes civiles, cuando unos padres tenían un hijo obstinado, desobediente y rebelde debían llevarlo ante la presencia de los ancianos (magistrados civiles y religiosos), denunciar la conducta de su hijo y asistir a su muerte por lapidación a manos de sus vecinos. La conclusión lógica es que si los azotes no dan resultado con el hijo se le debe ejecutar públicamente.

En la actualidad y en nuestra civilización, matar a un hijo rebelde es moral y legalmente inadmisible y no creo que haya padres que hoy puedan defender este tipo de prácticas, pero sí los hay que aún creen en los castigos físicos como el mejor recurso educativo. Una mirada a la historia bíblica también nos desvela que estos métodos por sí mismos no hicieron nunca una sociedad mejor y más ajustada a la voluntad de Dios.

Estas prácticas se encuentran lejos de la enseñanza general expresada por Jesucristo respecto a las relaciones humanas: *"Así que en todo traten ustedes a los demás tal y como quieren que ellos los traten a ustedes. De hecho, esto es la ley y los profetas."* (Evangelio de Mateo 7:12). Este principio ha sido bautizado como la "regla de oro" y Jesús aclaró que en esta regla están contenidas en esencia las enseñanzas de las Escrituras. La venida de Jesucristo y su posterior influencia dio una nueva dimensión a la ética humana equiparando a las personas en su dignidad y en sus derechos. Él recibió azotes, violencia y muerte que no merecía, para que otros pudieran recibir su Espíritu y seguir sus enseñanzas para una nueva forma de vivir en el amor. En el amor no puede existir diferencia entre las personas por razón de etnia, de sexo o de clase social y, por supuesto, por razón de edad.

Consecuencias del maltrato

El castigo físico no puede considerarse aislado de su componente emocional, independientemente del propio daño físico que se pueda infligir. La violencia produce diferentes emociones negativas dependientes del significado que les atribuya el que lo recibe. Necesariamente, los golpes conllevan siempre un castigo emocional, puesto que el cariño de los padres y su aprobación son el sostén afectivo del niño... y las bofetadas lo contradicen.

Cuando un niño recibe un golpe de su padre sin ninguna intención punitiva, el niño se resiente física, pero no psicológicamente. Puede darse el caso que ese golpe recibido sea más fuerte y le produzca más dolor que otro golpe recibido como castigo; así y todo, no le deja ningún tipo de secuela psicológica. En cambio, la interpretación que el niño hace de la violencia que el padre ejerce sobre él, la causa por la que recibe el castigo, y el contexto en el que se produce, sí generan concepciones y emociones que el niño registra en su inconsciente. Estos engramas mentales[2] muy posiblemente condicionarán con el transcurso del tiempo sus programas de razonamiento y comportamiento.

El castigo físico no es una forma de educar. Es evidente que el castigo físico produce reacciones en los niños pero esto no quiere decir

---

[2] Huella permanente en el sistema nervioso como resultado de una excitación temporal.

que sea un instrumento educativo. Con el castigo físico se consigue suprimir la conducta indeseable en ciertas ocasiones, pero tiene demasiados inconvenientes. A continuación presento una relación recogida de la experiencia al tratar con muchos problemas familiares generados por el trato inadecuado de los padres hacia los hijos:

· Los padres pueden perder el control y lesionar a los niños de forma accidental.

· La autoestima de los hijos queda afectada, les genera sensación de minusvalía y promueve expectativas negativas respecto a sí mismos. No ayuda a fomentar su autonomía ni a desarrollar criterios propios.

· Se sienten como víctimas a causa de encontrarse en una situación de indefensión y pueden desarrollar una visión negativa del mundo como un lugar amenazante.

· Genera sentimientos de soledad, tristeza y abandono.

· Les hace sentir ira reprimida y deseos de irse de casa.

· Se deterioran las relaciones entre padres e hijos a causa del temor y la falta de confianza. La buena comunicación se bloquea y se dañan los vínculos emocionales.

· Se aprende a excluir el diálogo y la reflexión, dificultando la capacidad para establecer relaciones causales entre su comportamiento y las consecuencias que de él se derivan.

· Con facilidad se crean círculos viciosos (mala conducta – castigo) entre padres e hijos donde ambos quedan atrapados, siendo incapaces por sí mismos de tratar la verdadera raíz del problema y salir de la situación.

· Fomenta las conductas negativas si el niño busca la atención de los padres.

· No facilita la cooperación con las figuras de autoridad. Aprenden a someterse a las normas o a transgredirlas. Responden a la sanción, no a su propia iniciativa ni a la responsabilidad que los padres desean inculcarles.

· Crea interferencias en sus procesos de aprendizaje, en el desarrollo de su inteligencia, y en su emotividad. El temor a ser castigados paraliza su iniciativa, bloquea su comportamiento y limita la capacidad para plantear y resolver problemas resultando menos creativos.

· El niño realiza un aprendizaje iniciático de la violencia. La concibe como un modo adecuado para resolver los problemas. La violencia engendra violencia. El castigo físico legitima el abuso de poder dentro de todas las relaciones familiares.

· Los niños que han sufrido castigo físico pueden presentan dificultades de integración social.

· Se encuentran más expuestos a niveles de ansiedad que pueden causar trastornos de conducta.

· Si se usa con demasiada frecuencia pierde eficacia, el niño se acostumbra a que por una cosa u otra acaba siendo castigado y no obedece.

· Lleva al niño a confusiones conceptuales: cuando él ejerce violencia, es "mala"; cuando se la aplican a él, es "buena".

· Dificulta el desarrollo de valores como la paz, el consenso, la cooperación, la igualdad, la tolerancia, la participación y la justicia, esenciales para una sociedad democrática.

Mucha gente ha padecido castigo físico y no se ha traumatizado por ello, pero el riesgo de producir un daño emocional a los niños y niñas nos obliga, como padres y como sociedad, a buscar, a aprender y a aplicar otras alternativas. El castigo físico es una de las formas equivocadas de educar, pero no la única. Muchos padres, queriendo evitar el castigo físico, caen en el error de sustituirlo por el maltrato psicológico.

Maltrato psicológico

Se acepta como normal que los padres griten para controlar la conducta de sus hijos. Es evidente que estos gritos no están vacíos de contenido y son incompatibles con frases respetuosas. Psicológicamente, gritar es signo de impotencia, lo cual, pone de manifiesto que los padres que actúan así sufren una carencia de recursos educativos, se dejan llevar por la impulsividad perdiendo su propio control y lesionando anímicamente a sus hijos.

Una madre que reconocía gritarle mucho a sus hijos, se justificaba argumentando que lo hacía para no pegarles. De alguna forma, la violencia estaba latente; si era capaz de reprimir la física, no lo era con la psíquica. En otras ocasiones, no hay gritos, pero las frases son duras e hieren igualmente: "¡Si haces eso, te vas a arrepentir!". "Si fueras un buen hijo, estudiarías". "Tiene la inteligencia de un asno"....

La destrucción sistemática de la autoestima de una persona por medio de gritos, chantajes, órdenes, insultos, rechazos, amenazas, interrogatorios, humillaciones, desprecios, burlas, críticas, aislamiento, castigos irracionales o cualquier tipo de falta de atención, aceptación y amor, tan indispensables para el bienestar emocional, intelectual y social de los niños, también constituye maltrato y violencia. No hay duda que al herir el alma, muchas veces se puede dañar bastante más que golpeando el cuerpo, incluso pueden quedar heridas profundas y duraderas que condicionarán el desarrollo personal o serán causa de diferentes desajustes y trastornos psicológicos.

Una manera para que los padres puedan entender cómo este tipo de trato puede llegar a ser destructivo para sus hijos, es tan simple como pedirles que recuerden sus propias reacciones cuando cualquier persona significativa para ellos ha osado tratarlos de forma aproximada a lo que se viene diciendo; además, hay que añadirle la condición especial en la que se encuentra el niño a causa de su dependencia, sensibilidad y vulnerabilidad propias de su proceso de desarrollo emocional.

Indicadores (síntomas) del maltrato infantil

El niño no sabe defenderse ante las agresiones de los adultos, no puede pedir ayuda, ni tiene a su alcance otra alternativa para escoger. Su especial situación de dependencia y de inmadurez para valerse por sí mismo lo sitúa en una posición vulnerable ante un adulto agresivo o negligente. Los niños que sufren malos tratos tienen múltiples problemas en su desarrollo evolutivo, déficits o desajustes cognitivos, emocionales, conductuales y sociales que le impiden el desarrollo adecuado de su personalidad.

De estas consideraciones se desprende la importancia de detectar cuanto antes los signos de maltrato y buscar una respuesta adecuada que ayude al niño en su crecimiento. Los problemas que suelen tener los menores maltratados se traducen en diversas manifestaciones que, por sí mismas, indican la existencia de una atención inadecuada o marcada por algún tipo de violencia.

Los indicadores que se exponen a continuación pueden ser útiles para ayudarnos en nuestra observación, pero hay que tener en cuenta a la hora de valorar el maltrato, factores como la frecuencia de las manifestaciones, cómo, dónde y con quién se producen. Además, debemos ser cuidadosos con la interpretación que hagamos de ellos, puesto que las causas pueden ser diversas; así mismo, la manera en que tratemos estas manifestaciones, ha de ser lo suficientemente sabia como para no aumentar el problema o generar otros nuevos.

· El niño presenta en diferentes ocasiones señales físicas tales como magulladuras.
· Evita la comunicación con los adultos, tiene una actitud de alerta y recelo.
· Muestra un notable cansancio o apatía en las actividades que realiza.
· Experimenta un cambio significativo respecto a su conducta escolar sin justificación aparente, o muestra poco interés y motivación por las tareas escolares.
· Tiene conductas agresivas o fuertes y constantes rabietas.
· El niño va sucio, huele mal y la ropa no es adecuada.
· En general tiene pocos amigos y se relaciona de forma hostil y distante.
· Se queja de dolores de cabeza o molestias orgánicas sin que esté clara su causa.
· Se le observan trastornos en la alimentación, por exceso o por carencia.

- Hay evidencias de retraso en el desarrollo físico, emocional e intelectual.
- El niño evita en lo posible estar en casa, falta a clase repetidamente y presenta conductas antisociales.
- Habla de escaparse, suicidarse o presenta rasgos depresivos.
- Manifiesta conductas regresivas, demasiado infantiles para su edad.
- Tiene conductas sexuales y conocimientos inapropiados para su edad.

Por otra parte, los adultos que se relacionan con estos niños de forma más o menos directa y son causantes de malos tratos, también manifestarán algunos signos dignos de atención.

No parecen preocuparse mucho del niño. Lo menosprecian y desvalorizan públicamente, poniendo en evidencia la mala opinión que tienen de él. Lo consideran como una propiedad y justifican la disciplina rígida y autoritaria. No le permiten tener relación con otros niños de su edad, y manifiestan preferencia entre los hijos tratándolos de forma desigual. Las dificultades que los adultos tienen en sus matrimonios, en el trabajo o el consumo excesivo de sustancias tóxicas son fuentes de conflicto que suelen proyectar sobre los menores. Y por último, ante situaciones extrañas, los adultos responsables ofrecen explicaciones poco convincentes.

Habrá que ser prudente en la interpretación de estos indicadores ya que pueden observarse sin que tengan relación con el maltrato de los niños. Hay dos rasgos comunes en los adultos maltratadores: su falta de reconocimiento del maltrato y el rechazo explícito de cualquier tipo de ayuda. En cambio, los padres que pueden tener conductas de maltrato a causa de diferentes dificultades, no sólo las reconocen, sino que desean buscar soluciones y aceptan la ayuda que se les ofrece con una noble intención de mejorar el trato con sus hijos.

3: CUESTIÓN DE PERSONALIDAD

PARTE 2.

> "Visto un león, están vistos todos, y vista una oveja, todas; pero vista una persona, no está vista sino una, y aún no bien conocida".
>
> **Baltasar Gracián**

En sus orígenes el término persona se utilizaba para designar las máscaras que los actores griegos empleaban en sus representaciones teatrales. Relacionado directamente con su máscara se encontraba el papel que el actor representaba en la obra. Actualmente, hablar de personalidad hace referencia necesariamente a las diferencias individuales de los seres humanos, al conjunto de características psicológicas particulares de cada persona. La personalidad abarca tanto la conducta externa como la experiencia interna y se admite que estas características personales son consistentes y duraderas.

Considerando la personalidad desde otra perspectiva sería el resultado de las funciones y propiedades correspondientes a dos niveles: el material y el espiritual. El nivel material correspondería al cuerpo y el nivel espiritual vendría determinado por el alma (instinto y afectos) y el espíritu (memoria, inteligencia y voluntad). Esta última división hay que reconocer que es algo complicada y que en general se usan indiscriminadamente los términos: alma y espíritu para referirse a la parte no material de la persona. En algunos ámbitos como el de la religión y el de la psicología experimental resulta útil esta clasificación en tres niveles.

Por supuesto, que cuerpo y espíritu (alma, mente) están íntimamente unidos y relacionados, lo que da origen a una complejidad de funciones que es imposible diferenciar en la zona donde se solapan lo material y lo inmaterial. A partir de aquí, es necesario diferenciar los conceptos de temperamento y carácter:

El *temperamento* designa la incidencia del cuerpo en lo espiritual: instintos, pasiones, afectividad.

El *carácter* correspondería a la parte más espiritual de la personalidad: entendimiento, voluntad.

Así pues, la individualidad personal viene dada en principio por el cuerpo y el carácter tiene como primer soporte el temperamento; por ello se ha dicho repetidas veces que no somos tan responsables de nuestro temperamento como de nuestro carácter. El carácter vendrá a ser el resultado de la interrelación del individuo con el ambiente en el que ha crecido y se ha formado, modelado todo ello por su inteligencia y su voluntad.

De ahí se desprende que la idea de carácter se relacione estrechamente con la individualidad personal. Dos personas con temperamentos similares pueden tener caracteres muy distintos. Cuando de alguien se dice que "es una mujer de carácter", se interpreta como la actitud interna que esta mujer mantiene frente al mundo.

Los distintos tipos de carácter

La noción de carácter está directamente relacionada con la de personalidad y cuando se habla de los distintos caracteres de las personas se suele hacer referencia a sus personalidades.

Siguiendo la línea del filósofo francés René Le Senne (1883-1954) y con el fin de reconocer y orientarnos mejor respecto a la personalidad de nuestros hijos, se describirán ocho tipos de carácter que aparecen de la combinación de tres variables determinantes de la personalidad como son: la actividad, la emotividad, y la resonancia. Una clasificación como ésta será útil en la medida que se tome solamente como punto de referencia y ayuda para identificar comportamientos, pero no como un diagnóstico en sí mismo. De lo contrario, se corre el riesgo de etiquetar y condicionar la evolución y el desarrollo de nuestro hijo a causa de nuestras creencias sobre su personalidad.

· *La actividad:* la persona activa se reconoce por su necesidad instintiva de actuar[3]; sobre todo cuando se encuentra frente a un obstáculo, que para él es como un estímulo que le motiva a actuar. El no activo, por el contrario, se retrae, se desanima y suele abandonar; puede generar sensación de impaciencia y tiene actitudes de pasividad y pesimismo.

El activo se caracteriza por encontrarse siempre ocupado, le cuesta poco centrarse en su trabajo, decide con facilidad, no retrasa las tareas, es emprendedor, práctico, optimista y le gusta descubrir y aprender las cosas por sí mismo.

· *La emotividad:* es la respuesta que produce en el ánimo los acontecimientos que vivimos. Se califica como personas emotivas a las que responden con más facilidad e intensidad de lo considerado normal a los estímulos. Los que no lo son, necesitarán un estímulo más fuerte para comportarse de forma similar a los emotivos. A pesar de ello, no todos los emotivos expresan todas estas cualidades externamente.

Caracteriza al emotivo su excitabilidad, su humor variable, la tendencia a exagerar y su capacidad para la intuición; en cambio en el no emotivo observaremos los rasgos contrarios. La emotividad afecta a la actividad mental tanto positiva como negativamente: en el primer caso, como factor de activación potenciando los intereses personales; en el segundo caso, perturba la abstracción y la objetividad.

· *La resonancia:* es el efecto que las impresiones tienen sobre el ánimo de la persona. También esta característica puede presentarse en dos alternativas totalmente opuestas: si las impresiones tienen efecto sobre la conducta de forma inmediata, la resonancia sería primaria. Por el contrario, si la respuesta a estas impresiones se efectúa posteriormente, la resonancia sería secundaria.

A las personas que les caracteriza una resonancia primaria, suelen reaccionar de manera inmediata ante las situaciones, lo hacen fuertemente pero pronto se olvidan de ello. En cambio, los secundarios reaccionan más lentamente tanto en la respuesta al estímulo como en su desactivación.

---

[3] Esta situación no debe confundirse nunca con la "hiperactividad", que constituye otra patología.

El primario vive en el presente, es de reacción rápida, le gusta el cambio, es superficial y entusiasta. Esta forma de ser dificulta que pueda ser objetivo, sistemático y coherente. En cambio, el secundario vive en el pasado, sujeto a sus recuerdos, rutinas y prejuicios. Es ordenado, reflexivo, sistemático y constante, pero lento.

La combinación de estas tres propiedades citadas da lugar a ocho tipos de carácter. De ellos, cuatro son emotivos y cuatro no son emotivos; cuatro son activos y cuatro no son activos; cuatro son primarios y cuatro son secundarios.

El sanguíneo: *no emotivo, activo y primario.*

Su mentalidad es pragmática y calculadora, muy poco sensible a todo lo que no le proporcione beneficio material. Le interesan los resultados a corto plazo. Es cerebral, práctico y positivo, aunque también se muestra afectuoso, sociable y extrovertido.

Posee comprensión rápida, claridad y precisión en las ideas. Tiene capacidad crítica y objetiva. No está bien dotado para la síntesis y la sistematización en el pensamiento.

Le interesa prácticamente todo, devora cualquier tipo de lectura. Es buen observador y muy independiente en sus opiniones. Es buen trabajador y tiene pocas limitaciones.

El flemático: *no emotivo, activo y secundario.*

Mantiene siempre el mismo estado de ánimo tranquilo y reposado. Es extrovertido aunque poco hablador; trabaja y se divierte solo, es reflexivo, muy ordenado y puntual aunque rígido en el uso del tiempo. Está preocupado por la exactitud en todas las cosas y por la objetividad. Posee mucho sentido común.

Su inteligencia es lenta y profunda, de tipo conceptual, con buena aptitud para comprender lo esencial; ordena, clasifica y sistematiza lo que aprende con facilidad. En consecuencia, se adapta bien a todas las materias escolares y se encuentra muy bien dotado para las ciencias abstractas. Tiene buena capacidad para la retención y la concentración, aunque poca imaginación.

Trabaja de forma intensa, metódica, regular y tenaz; tiene un claro sentido del deber, es dócil y se adapta fácilmente a los horarios establecidos. Aunque es lento, obtiene buenos resultados. Puede tener dificultades en la expresión escrita.

El amorfo: *no emotivo, no activo y primario.*

Destaca su falta de curiosidad y sentido práctico, se centra en la búsqueda de placeres orgánicos, es muy perezoso, impuntual, carente de energía y entusiasmo; es poco original, se deja influir por el ambiente y despilfarra; es extrovertido pero socialmente difícil.

Su inteligencia se encuentra muy condicionada por el carácter, razona con mucha lentitud y de manera superficial; tiene muchas dificultades para el pensamiento abstracto.

No le interesa ninguna actividad escolar y huye de cualquier esfuerzo. Acostumbra a aplazar y descuidar sus tareas, se muestra muy indeciso, desordenado, abúlico, torpe e inadaptado. Hay que empujarlo para que se mueva, pues carece de iniciativa.

El apático: *no emotivo, no activo y secundario.*

Generalmente es introvertido y se encuentra muy encerrado en sí mismo, con poca energía y vitalidad, perezoso, pasivo e indiferente, se muestra melancólico, testarudo y rutinario.

Como el amorfo, posee pocas aptitudes intelectuales. Su inteligencia se encuentra muy mal dotada para extraer lo esencial, para la abstracción y las relaciones lógicas; el pensamiento está falto de coherencia y es pobre de ideas.

Por lo dicho anteriormente, su interés en las actividades escolares es nulo y sus resultados muy malos.

El nervioso: *emotivo, no activo y primario.*

Manifiesta gran movilidad, cambiando continuamente de intereses y de ocupación; es inconstante y se entusiasma con lo nuevo buscando resultados prácticos e inmediatos. Su ánimo es inestable, pasando rápidamente de la euforia al abatimiento; usa mal el tiempo y tiene falta de orden, disciplina y perseverancia en el trabajo. Su voluntad es débil y es indeciso, sociable y cariñoso.

Posee una inteligencia que opera mejor con imágenes. Su concepción es rápida, la imaginación viva y la expresión espontánea; pero a causa de su inestabilidad tiene dificultades para la comprensión, memorización, abstracción y razonamiento lógico.

Como alumno tiene poca capacidad para concentrarse y esforzarse en el trabajo, esto lo lleva a ser perezoso, distraído, inconstante e irreflexivo.

El sentimental: *emotivo, no activo y secundario.*

Es muy sensible, tímido, introvertido, indeciso, retraído y pesimista. Es susceptible, rencoroso y difícil de reconciliar. Prefiere la soledad y el aislamiento. Se desmoraliza con facilidad, se muestra inseguro y muy vulnerable.

Su inteligencia está relajada y se centra preferentemente en los objetos. Tiene dificultades para la comprensión, la organización lógica y la abstracción. A pesar de ello, trabaja con interés, orden y método; le gusta hacer las cosas bien. Ante las dificultades, se desalienta pronto y desconfía de sus posibilidades. Es lento, tanto a la hora de concebir las tareas como en su realización. Le cuesta adaptarse a nuevas actividades.

El colérico: *emotivo, activo y primario.*

Vive para actuar, siempre se encuentra ocupado en cualquier actividad o proyecto. Es extrovertido y le encanta comenzar nuevas tareas. Improvisa mucho, se precipita, malgasta su energía y suele caer en la dispersión. A causa de ello, muchos planes pueden quedar abandonados cuando aparecen dificultades.

Su capacidad intelectual se predispone a lo concreto, inmediato, imaginativo y técnico. Es práctico, comprende con rapidez y tiene capacidad para la improvisación. Acusa muchas dificultades para el pensamiento abstracto: el análisis y la síntesis.

Aunque está habitualmente ocupado, es irregular y poco disciplinado en la realización del trabajo. Cuando una tarea no encaja con sus intereses, le cuesta mucho llevarla a cabo. Es amante del trabajo en equipo y suele cambiar de actividad con frecuencia sin terminar lo que ha empezado.

El apasionado: *emotivo, activo y secundario.*

Posee una pasión dominante que es el motor de su existencia, tiene gran capacidad de trabajo y puede mantenerse centrado en una actividad por mucho tiempo. Es independiente, violento, decidido y perseverante. Acostumbra a ser mal deportista.

Su inteligencia se encuentra activada plenamente y a causa de su carácter es de tipo conceptual y verbal, muy apta para la comprensión, abstracción y el razonamiento lógico. Posee capacidad para la imaginación y la inventiva, gran concentración y memoria. Tiene pocas limitaciones.

Siempre ocupado, suele tener buen rendimiento en todas las materias escolares. Le gusta el estudio y el trabajo intelectual. Es el prototipo del buen alumno, estudia de forma ordenada, metódica y prefiere trabajar solo.

¿Qué hago con mi hijo ahora?

Suelo encontrarme con todo tipo de reacciones por parte de los padres cuando toman conciencia del carácter de su hijo. Pueden pasar del conflicto constante, en el caso que no lo acepten, hasta desarrollar una actitud pasiva si la relación se hace laboriosa. ¿Qué hago con mi hijo ahora?, me preguntan.

En primer lugar es necesario que ningún padre se desespere por tener un hijo sanguíneo, apático o amorfo. No es el fin del mundo, cualquier hijo puede dar mucho de sí dentro de sus capacidades naturales si se sabe cómo tratar con él. Cuando leemos las biografías de personas destacadas, encontramos en ellas todo tipo de caracteres.

Las buenas relaciones familiares no vienen tanto porque el hijo tenga muchas cualidades positivas, sino más bien por la buena adaptación que se construye entre padres e hijos. Es evidente que si los padres pudieran intervenir en el diseño de sus hijos, escogerían las características más positivas de cada carácter, pero esto no sería suficiente para garantizar que las relaciones en el hogar fueran apacibles. Por ejemplo, a una madre que tenga carácter colérico la descontrolará tanto una hija colérica como una apática.

Los padres tienen que tomar conciencia de sus propias características personales para poner más atención en controlar aquéllas que pueden crear problemas en las relaciones. Muchos de los problemas entre padres e hijos se solucionan cuando el padre o la madre reconoce y cambia algún aspecto de su conducta. Los padres tienen en la mayoría de situaciones más capacidades y recursos para producir cambios.

Cuanto mejor conozcan los padres a sus hijos más eficientes podrán ser en su labor educativa. No es suficiente identificarlos con un determinado carácter, y así procurar tratarlos de acuerdo a unas pautas adecuadas a sus características de personalidad. El objetivo sería que, por medio de la comunicación y la observación, los padres pudieran llegar a tal punto de conocimiento y comprensión del hijo que pudieran empatizar con él para ayudarle con acierto.

Es implanteable que un padre o una madre acepte y se conforme a llevarse mejor con un hijo que con otro. "Siempre nos peleamos porque somos muy iguales". Es el argumento que suelen expresar muchos padres y madres que se llevan mal con sus hijos. Por ley natural, cuando hay varios hijos en una familia, los padres tendrán que enfrentarse al hecho de educar y entenderse con diferentes caracteres; esto significa que la relación de un determinado padre puede ser más fácil con un hijo que con otro. Pero en el caso de darse una situación de preferencia entre hermanos, el daño que se producirá y el agravamiento del problema descarta totalmente el asumir esta posibilidad.

Ser padre o madre implica comenzar una nueva etapa en la vida, donde uno no entra de maestro, sino de aprendiz. Requiere necesariamente desarrollar una actitud de crecimiento y transformación personal para hacer frente y encajar con el carácter que cada hijo presente. No estoy diciendo que los padres deban ceder y someterse al temperamento del hijo, sino adaptarse como padres y educadores a cada hijo para conectar y poder ayudarles en su desarrollo personal.

Los padres deben desarrollar la capacidad de transmitir los mismos principios a cada hijo aunque de diferente forma. Queda descartada la posición de aquellos padres que, sintiéndose orgullosos, afirman que han tratado de igual forma a todos sus hijos. Aunque siempre hay la posibilidad de que salga bien, el riesgo de perjudicar a alguno de los hijos o de que las relaciones se deterioren cuando éste crezca son muy elevadas. Cuando unos padres tienen un hijo que sufre un defecto visual, van al óptico y éste prepara unas lentes adecuadas a las características de sus ojos para que pueda ver correctamente. En el caso de que estos padres tuvieran un segundo hijo con problemas de visión, le buscarían unas lentes diferentes a las primeras pero adecuadas a sus ojos para que, igual que el primero, pudiera ver correctamente.

Todos los niños del mundo, por el hecho de ser personas, tienen a su vez unas necesidades anímicas comunes y otras particulares. En cuanto que depositarios de sentimientos, todos necesitan sentirse amados; pero cuando a uno le encanta leer y el otro lo odia, será necesario desarrollar estrategias que hagan posible para el segundo adquirir los mismos conocimientos básicos que el primero.

Recuerdo que hace algunos años unos padres me dijeron después de haber tenido un hijo con síndrome de Down: ¿qué hacemos ahora con nuestro hijo? Se me ocurrió decirles que "down" (apellido del médico que lo descubrió) en inglés significa "punto bajo" y, evidentemente, todos los niños tienen puntos bajos (unos más que otros). Entonces, la cuestión viene a ser la siguiente: cuantos más puntos bajos tiene un hijo, más puntos altos deben desarrollar los padres para suplir sus carencias. No se trata tanto de qué hacemos con el hijo que tiene un problema o un temperamento difícil de llevar, sino qué hacemos con nosotros para poder ser padres y educadores competentes en cada situación.

4: ¿POR QUÉ SE PORTAN MAL?

PARTE 2.

Si quieres miel, no le des patadas a la colmena.

Si los hijos hicieran siempre todo aquello que agrada a sus padres, si cumplieran siempre nuestras expectativas, si a menudo nos sorprendieran positivamente, no tendría sentido escribir este libro, ni tampoco se hubieran escrito miles de libros sobre la educación de los hijos.

Por naturaleza, el comportamiento de los hijos va a guiarse, en primer lugar, por sus impulsos instintivos; más tarde, también se añadirán sus necesidades anímicas e intereses. Todo ello mediatizado por su particular temperamento y por la influencia que tenga sobre ellos la interrelación con el ambiente en el que se desarrollen.

Está garantizado que los hijos harán muchas cosas que a los padres no les gustarán: es lo normal. La cuestión está en cómo van a interpretar los padres las conductas de los hijos, puesto que de esta interpretación van a depender sus reacciones y qué nivel de responsabilidad tendrán los padres en estas conductas conflictivas.

Como el tema es tan interesante, es necesario detenernos para hacer algunas consideraciones aclaratorias que nos ayudarán a enfrentar las diferentes situaciones que se presenten con más conocimiento de causa, para orientar más acertadamente nuestra actuación educativa con los hijos.

¿En qué consiste el mal comportamiento?

Ésta es la primera cuestión que deberíamos tener clara para no ser injustos con nuestros hijos. Cuando escucho a los padres hablar de los problemas que tienen con sus hijos, observo que el porcentaje de ocasiones en que los hijos *se portan mal* es mucho menor del que los padres califican como *"mal comportamiento"*. Los padres sólo saben que el hijo desarrolla conductas que son inadecuadas, incorrectas o no convenientes, y que esto les incomoda, les frustra y descontrola. Pero aun así, muchas de las veces no son malas conductas. ¿Qué puntos de referencia tenemos para juzgar que un comportamiento no es correcto?

En principio nos enfrentamos al asunto de la *perspectiva*. En cualquier situación siempre hay más de una perspectiva: hay más de una forma de percibir y comprender las cosas. En nuestro caso, nos encontramos con que puede haber por lo menos tres perspectivas en cualquier situación que se presente entre padres e hijo:

· **La perspectiva del hijo:** esta perspectiva tiene en cuenta exclusivamente al niño en sus circunstancias: temperamento, nivel de información, sentimientos, inmadurez, impulsividad y desarrollo mental.

· **La perspectiva de los padres:** esta perspectiva corresponde a la interpretación que los padres hacen de la conducta del hijo desde su posición personal, familiar y social.

· **La perspectiva educativa:** esta perspectiva tendrá siempre en cuenta las dos perspectivas anteriores de forma ponderada, por lo que se convierte en la única válida para resolver positivamente cualquier situación. Para que los padres puedan acceder a esta perspectiva educativa, es necesario que desarrollen la capacidad de tomar cierta distancia psicológica, saliendo de sí mismos y observando de forma imparcial lo ocurrido. Una de las formas de hacerlo es formulándose preguntas adecuadas: ¿Cómo hubiera actuado yo en las circunstancias de mi hijo o hija?, ¿Hay información que desconozco y que podría explicar la conducta del niño?, ¿Existe otra interpretación posible a esta situación?, ¿Hay otra forma de enfrentar esta situación positivamente?

Siempre existe un por qué, una causa en toda acción; tratar de averiguarla nos acerca a la perspectiva educativa. Muchas veces para poder conocerla es necesario mirar con otros ojos que puedan ver lo que desde nuestras circunstancias se hace muy difícil.

Lo que define si un comportamiento es correcto o no, viene determinado por varios factores: sociales, culturales, religiosos, de experiencia personal y de idiosincrasia. Esto significa que el mismo hecho puede ser juzgado de diferente forma por dos personas; de ahí que muchos matrimonios difieren sensiblemente a la hora de posicionarse ante la conducta de su hijo.

Por tanto, debemos partir de la base que el concepto de *buena o mala conducta* no puede tener un valor absoluto, sino que viene determinado por lo que consideramos convencional y lo que valoramos como realmente perjudicial. Es cierto que en algunos casos estará muy claro lo que es o no correcto, conveniente, adecuado y bueno; pero en otros, dependerá de la valoración personal de cada uno.

No podemos inhibirnos de tomar conciencia de las diferentes valoraciones que hacemos y desarrollar la capacidad de discriminar entre unas y otras. Necesitamos reflexionar sobre el *porqué* valoramos de la forma que lo hacemos, si hay consistencia en nuestro juicio, si estamos montados en una inercia heredada o propia de la sociedad en que vivimos que nos ahorra el pensar y actuar por nosotros mismos, y conforme a nuestros valores reales.

Análisis de un ejemplo

Cuando un niño tiene un micción nocturna en la cama, valoramos este hecho como correcto o no dependiendo de algún criterio, por ejemplo, la edad. Si el niño tiene dos años entendemos que es normal que tenga micciones nocturnas, en cambio, si tiene doce años lo consideraríamos un problema. En el caso de que los padres interpreten que el niño no quiere colaborar y que él es el único culpable de su incontinencia, le recriminarían por su conducta.

Si los padres de este niño de doce años, a causa de su incontinencia lo castigaran, recriminaran y ridiculizaran, estarían ejerciendo sobre él un mal trato. En el caso de que los padres sólo recriminaran a este hijo el hecho de su incontinencia por no ser una conducta correcta a los doce años, no sería un mal trato, pero tampoco sería un trato educativo.

Generalmente, en un caso así juegan otros factores que no dependen exclusivamente de su voluntad de no mojar la cama. Precisamente el niño es el primero que se siente triste, avergonzado y frustrado por haberlo hecho. La recriminación de los padres no está haciendo más que incidir en su estado de ánimo negativo.

En el caso de que los padres opten por animar al hijo diciéndole que no tiene importancia, que con el tiempo ya irá superando esta situación, tampoco le están ayudando realmente a solucionar el problema. Él seguirá considerándose diferente a los demás y no podrá dormir en otro sitio que no sea su casa, perdiéndose posibles convivencias con sus compañeros de escuela o amigos.

El niño que a esta edad tiene incontinencia nocturna puede padecer un problema orgánico, emocional o de aprendizaje psicofisiológico. Atender y ayudar a un hijo en este caso sería averiguar la causa de la incontinencia (con ayuda profesional) y facilitarle el tratamiento adecuado.

En este ejemplo podemos ver varios aspectos interesantes: la conducta esencialmente es la misma: micción nocturna. El hecho no es el mismo porque el niño de dos años no moja la cama a causa de llevar un protector para absorber la orina, mientras que el de doce años sí la moja.

Si al niño pequeño se le quitara el protector, mojaría la cama igual que el mayor, pero su conducta de incontinencia seguiría siendo normal. Si al mayor se le pusiera un protector, no mojaría la cama pero la conducta en principio no sería normal pues por su edad tendría que haber desarrollado el aprendizaje psicofisiológico.

Entonces nos encontramos ante la misma conducta, pero por razón de edad, en un caso es normal y en el otro no. Si la conducta no es normal, hemos de pensar que hay un factor que la hace anormal (orgánico, emocional o de aprendizaje). La valoración de buena conducta o mala conducta (correcta o incorrecta) en este caso tendría un matiz más social que ontogénico.

En el caso que los padres lo valoren desde la perspectiva social e interpreten que el hijo no quiere cooperar en solucionar el problema, se sentirán dolidos con él y le recriminarán su actitud. En este caso, estamos ante una conducta que es interpretada erróneamente y como consecuencia la acción de los padres no sólo deja de ser positiva para el hijo, sino que agrava más el problema.

Cuando valoramos una conducta debemos hacerlo dentro de su contexto adecuado para que podamos enfrentarla desde la perspectiva educativa.

Diferentes categorías de comportamiento

Si deseamos tener una visión más objetiva respecto a las conductas de nuestros hijos, será necesario categorizarlas tomando como referencia las causas generales que las producen. Al mismo tiempo consideraremos algunas de las respuestas que los padres manifiestan ante ellas:

Los hijos llevan a cabo conductas inadecuadas por su propia condición evolutiva.

Tanto el niño como el adolescente realizará conductas que no tienen otra explicación que su naturaleza en desarrollo. La gama de conductas es muy variada: llamar la atención cuando no se sienten atendidos, correr y saltar porque su cuerpo se lo pide, oponerse para afirmar su personalidad, pasarse horas delante del espejo o soñar despierto ante los libros de estudio.

Las respuestas de los padres también son muy variadas dependiendo de su interpretación, de la valoración de las circunstancias en las que se produce, de la necesidad de corrección que juzguen oportuna y del estado de ánimo en un momento concreto.

Una madre me contaba que, después de pintar la habitación de su hijo de tres años, éste hizo unos dibujos en la pared. La madre sintió tanto coraje que le dio una azotaina para que nunca más volviera a hacerlo. De esta forma castigó severamente una conducta propia de la condición evolutiva del niño, siendo más conveniente canalizar su impulso creativo.

Los padres van desde aceptar y tolerar las conductas inadecuadas sin actuar, hasta recriminar e indicar la conducta correcta, gritar e insultar al hijo, o incluso golpearlo y castigarlo.

En los resultados de estas interacciones, podemos encontrarnos conductas que se extinguen o se modifican por sí mismas a causa del proceso evolutivo, pero no por la adecuada intervención de los padres. Otros comportamientos van cambiando de forma adecuada a causa del bien hacer de los padres. En cambio, hay actitudes y actuaciones conflictivas que se atascan o se agravan por la falta de competencia de los padres en tratarlas adecuadamente, convirtiéndose en focos de tensión y sufrimiento constante.

Los hijos llevan a cabo conductas inadecuadas por la incompetencia de los padres.

El niño aterriza en un mundo en el que todo es nuevo para él, no puede valerse por sí mismo y depende, en principio, exclusivamente de los padres para todo. La naturaleza le ha dotado de unas capacidades que, si no son bien empleadas se irán atrofiando o malogrando con el tiempo. Es cierto que su instinto le guiará en ocasiones, pero en otras puede serle perjudicial.

Me explicaba un niño de diez años que determinado día se encontró con dificultades para hacer sus deberes escolares. Intentando solucionar la situación, llamó a uno de sus compañeros que vivía cerca de su casa para que se los dejara copiar. Éste accedió a cambio de una recompensa. A partir de entonces la situación se perpetuó; uno aprendió a comprar un servicio, y el otro a sacarle partido a su trabajo.

En este proceso de aprendizaje integral, han de aprender miles de cosas para realizarse como personas y seres sociales. Este camino de aprendizaje se asemeja a una carrera de obstáculos: habrá aprendizajes que les resultarán fáciles y otros difíciles. En ocasiones serán bien enseñados y en otras mal; les confundirán muchas veces, frustrarán, desmotivarán y herirán. Lógicamente, ellos reaccionarán y se defenderán con sus recursos, se adaptarán y entrarán en conflicto, desarrollarán mecanismos sustitutorios y de compensación para sobrevivir con el mínimo malestar posible. La visión del mundo que ellos conciban será el resultado de la labor que los padres realicen con ellos y, según esta visión, así actuarán.

Los hijos llevan a cabo conductas inadecuadas por reacción u hostilidad.

El niño se ha frustrado y hace una conducta contraria a la que se espera de él, de esta forma exterioriza sus emociones negativas.

Un adolescente estaba haciendo la vida imposible a sus padres, me reconocía que su padre le decía cosas que eran razonables. Pero sentía un impulso interior muy fuerte que le empujaba a hacer todo lo que sabía que disgustaría a su padre.

"Sé que a veces me equivoco y hago cosas mal, pero mi padre ha sido siempre muy orgulloso conmigo. Ya no voy a ser más el niño sumiso que él quiere. ¡Prefiero equivocarme a obedecerle".

Cuando el niño desarrolla una actitud negativa respecto a un familiar, o al principio de autoridad, y se opone sistemáticamente a cualquier petición, es indicativo que hay relaciones en la familia que no han funcionado bien y están en crisis, aunque la apariencia fuera muy buena. Muy posiblemente, no han sabido comprender y atender adecuadamente las necesidades anímicas del hijo.

Los hijos llevan a cabo conductas inadecuadas con intencionalidad negativa.

Dentro de cada niño se encuentra en potencia la capacidad para hacer el bien y el mal. Un niño puede ser enseñado a odiar a los que no piensan como él o no tienen el mismo color de piel; pero también puede ser enseñado a amar y ser generoso con sus iguales o con los que tienen menos que él. En su interior están ambas semillas a punto de germinar.

Muchas veces he escuchado a padres o madres alentar a sus hijos a la violencia como medio de solucionar los problemas con sus compañeros de escuela. Como padres hay que ser conscientes de este hecho: ¿cómo va a influir en el niño el ambiente que vive?, ¿qué tipo de pensamientos, sentimientos, actitudes y conductas van a potenciarse, y cuáles a extinguirse o se pondrán bajo su control?.

Los hijos pueden actuar mal con intención de perjudicar, herir y destruir movidos por el egoísmo, la ira y el odio. Todos somos susceptibles de ello y, por tanto, eso sucederá.

Lo trascendental no es que suceda, la cuestión radica en cómo actuarán los padres o educadores cuando esto ocurra. ¿Tolerarán, reprimirán, se violentarán o intervendrán educativamente? Por supuesto, el tratamiento de un acto con intención negativa debe ser enfocado desde esta óptica. No sería correcto justificarlo, quitarle importancia u obviarlo. Aunque el hecho pudiera ser el mismo que el efectuado por causas evolutivas, el factor intención marca la diferencia. Lo propio es corregirlo para que no se desarrollen actitudes destructivas en el niño.

Los hijos llevan a cabo conductas inadecuadas a causa de desajustes o trastornos.

El niño tiene un problema de tipo psicológico, neurológico u orgánico que le impide realizar las conductas de forma correcta aunque en él haya buena disposición.

Unos padres vinieron a hablarme de su hijo porque notaban diferencias con respecto a los demás de su edad. Intentaban que su hijo actuara como lo hacían sus compañeros pero no tenía la disposición ni, evidentemente, la capacidad para hacerlo. El efecto que conseguían era el contrario al que deseaban. Cuando pude verlo me di cuenta de sus carencias: no había efectuado el desarrollo sexual normal, aunque su estatura y corpulencia eran normales. Con un tratamiento hormonal adecuado este adolescente pudo incorporarse a la dinámica social propia de su edad.

Cuando los padres ven en los hijos conductas que interpretan como poco normales, lo propio es que consulten a algún especialista. Es la mejor manera de no agravar el problema. Ayudará también a su detección el hecho de informarse a través de tratados de psicología infantil y de cursos de formación educativa, como las conocidas "Escuelas de Padres".

Los hijos realizan conductas inadecuadas a causa de su desmotivación.

El niño no tiene la motivación o el interés suficiente para hacer aquello que debe por causas muy variadas: lo que tiene que realizar es contrario a sus preferencias y tendencias naturales, ha sufrido una frustración, no se siente bien consigo mismo, o las relaciones familiares que se han establecido le producen un efecto desmotivante.

Una madre se quejaba de que su hija tenía muy poco interés en colaborar en las tareas caseras. La madre se enfadaba y llegó hasta a castigarla; pero no conseguía mejorar la situación. Cuando tuve ocasión de hablar con la niña, me confesó que no le gustaba ser así, pero tenía una gran desgana a la hora de hacer las tareas. Estuvimos juntos buscando la causa de esta desmotivación. Pronto llegamos a encontrar una situación en que la niña había limpiado y ordenado la casa un día que la madre estaba ausente; la madre no se lo había pedido, pero la niña quiso darle una sorpresa. Se puso la ropa de la madre, tomó sus instrumentos de limpieza, conectó la radio igual que ella hacía, y comenzó a imitarla. Cuando llegó la madre, la niña no había terminado aún y la casa se encontraba peor que al principio. La madre se enfureció y arremetió contra la niña bronqueándola y expresándole cosas muy duras. La niña quedó moralmente destrozada. Desde entonces nunca más volvió a sentir ningún interés por ayudar en casa.

Los hijos realizan conductas inadecuadas por otras razones.

Cuando un niño realiza una conducta inadecuada por olvido, ignorancia, falta de habilidad, imitación o como consecuencia del temor, se encuentra en otra dimensión causal diferente a las consideradas anteriormente.

Un niño trajo a casa un perro que se había encontrado en la calle. El niño le dio de comer y le preparó un cajón con ropa para que estuviera cómodo. El perro estaba muy sucio e iba ensuciando todo lo que tocaba. Cuando llegaron los padres a casa, se horrorizaron y cargaron contra el niño.

El niño no tiene conciencia de que está haciendo algo mal, como puede ocurrir en el caso de la intencionalidad negativa. Si nos interesamos por las causas reales que han producido tal conducta, nos acercamos como padres a interpretarla con más objetividad. Es evidente que como consecuencia de dos interpretaciones distintas del mismo hecho, los padres pueden actuar positiva o negativamente con el hijo, generando en el peor de los casos, problemas que no existían.

El niño llorón

Cuando un bebé llora insistentemente, ¿se está portando mal?. Puede ser molesto para los padres, pero eso no es una mala conducta. Discriminar entre mala conducta y lo que no lo es nos dará el estado de ánimo adecuado para tratar la situación de la mejor manera.

Si los padres lo toman en brazos o intentan distraerle con cualquier juguete que llame su atención, temporalmente pueden controlar la conducta del bebé, pero al rato volverá otra vez a llorar. Existe una gran diferencia entre actuar sobre el efecto o sobre la causa para obtener mejores o peores resultados. En el primer momento, tanto un tratamiento como el otro pueden dar el mismo resultado, pero el tiempo y la repetición de la conducta en cuestión mostrarán si el tratamiento ha actuado sobre las causas y no sobre los efectos.

Suponiendo que el bebé quiere dormir pero no sabe cómo hacerlo, los padres pueden realizar con él diferentes actividades para ayudarle a dormir, o en el peor de los casos, abandonarlo y dejarlo que llore hasta que por agotamiento se duerma. Es evidente que cuanto más perspicaces sean los padres en averiguar la causa que le impide dormir (se encuentra algo excitado, tiene alguna molestia, no tiene el aprendizaje bien realizado) más acertados estarán en su tratamiento. La solución vendrá cuando la necesidad sea satisfecha. La misma conducta puede venir determinada por diferentes causas y si se presenta repetidamente es que la acción de los padres no está siendo suficientemente acertada aunque haya funcionado en ocasiones anteriores.

¿Por qué se portan mal los niños?

¡Buena pregunta! Miles de padres se la hacen a diario y se responden con todo tipo de razones para tranquilizar su conciencia. Ya es en sí mismo un paso adelante el hecho de plantearse la cuestión. Asumir que toda conducta tiene una causa nos ayuda a reflexionar por lo menos en la parte de responsabilidad que como padres podemos tener en el mal comportamiento de nuestros hijos. La respuesta tampoco en este caso es simple y generalizable, pero sí se puede aportar un poco de luz sobre una serie de causas comunes que son motivo del mal comportamiento de los hijos.

Cuando Dios creó al ser humano, lo dotó de una serie de facultades únicas entre todas las especies de seres vivos. Junto con ellas, le asignó unas necesidades a su cuerpo y a su alma, que desde entonces ha intentado satisfacer para sentirse bien consigo mismo y con lo que le rodea. Estas necesidades anímicas, no pueden ser satisfechas por el propio niño; evidentemente necesita la participación de los que le cuidan y se relacionan con él.

Los que cuidan del niño no siempre están lo suficiente dispuestos y acertados para dar satisfacción a estas necesidades. Toda necesidad que no se satisface crea algún tipo de estado anímico o sentimientos negativos como ansiedad, desánimo, soledad, menosprecio, inseguridad, inferioridad, tristeza, celos, rabia, aburrimiento y otras similares.

Para evitar estos sentimientos, el instinto del niño le lleva a poner en marcha sus mecanismos de defensa y compensación, generando alguna acción para poder neutralizar o compensar su insatisfacción. Estas acciones por parte del niño suelen producir malestar y molestias en la familia. En consecuencia, los padres pasan a la acción tratando de controlar o cambiar las conductas del niño. Lo que suele ocurrir en estas circunstancias es que los padres actúan sobre el efecto más que sobre la causa y el problema muchas veces se agrava o consolida.

El hijo necesita sentirse amado. Por encima de las demás cosas que el hijo pueda disfrutar, necesita amor. Amor por ser quien es, tal como es, sin condicionantes. El niño necesita ver en la mirada de sus padres, en sus abrazos, besos y caricias la expresión de un amor sincero, absoluto. Que los labios de sus padres le digan: te amo, y se lo repitan. Pero tan importante como esto, es que haya coherencia con la forma en que lo tratan.

En cierta ocasión se presentaron en mi consulta un padre con un hijo de seis años de edad. El padre explicó que el niño se comportaba muy mal en la escuela y en casa no quería colaborar. Tanto el padre como la madre trabajaban y buena parte del tiempo el niño era atendido por la abuela. Me quedé a solas con el niño y comenzamos a hablar. Me explicó que tenía muchos juguetes, pero en un momento de la conversación me dijo: "Mi papá no me quiere". Después de pasar un tiempo tratando de averiguar la causa de aquella declaración, el niño respondió a una de mis preguntas: "Mi papá no me quiere porque nunca juega conmigo".

Los niños necesitan percibir que sus padres se sienten verdaderamente afortunados por haberlos tenido y poder compartir sus vidas con ellos. No importa si es guapo o feo, delgada o gorda, simpático o soso, lista o torpe. "Te amo porque eres mi hijo, por lo que significas para mí". Esto debe quedar fuera de toda duda en la teoría y en la práctica, no puede haber circunstancia que lo empañe.

Desgraciadamente, uno de los recursos que muchos padres usan para manipular a los hijos es precisamente éste. "Si no haces lo que mamá te dice, mamá no te querrá". Hay muchas formas de expresar este mensaje y jugar con el chantaje, la amenaza, la ignorancia, los celos, la culpabilidad y otros sentimientos que hacen sentir a los niños tremendamente desgraciados por creer que está en peligro su fuente de amor.

Cuando el niño no recibe amor se siente solitario, aislado o deprimido; suele llamar la atención para recibir lo que necesita, si no lo consigue, seguirá llamando la atención pero de forma que obligue a los padres a prestársela aunque no sea para recibir el afecto que precisa, pero de esta forma no se siente ignorado.

Los padres suelen entrar en el "juego" cuando observan una mala conducta del niño: comienzan tolerándola al pensar que es propia de niños; en el caso de persistir, intentan corregirla con algún tipo de acción punitiva. Las reacciones del niño pueden variar desde desistir a incrementar las malas conductas. En ningún caso el niño ha conseguido lo que necesita y por tanto se siente frustrado aunque no sepa explicarlo. Su instinto de supervivencia intentará compensarlo con algún tipo de sustituto.

El hijo necesita sentirse valorado. Necesita sentirse importante para sus padres, que tiene valor, que no es alguien que toman y dejan según las conveniencias, que pueden adorar o maltratar dependiendo de su estado de ánimo.

La madre de una adolescente de quince años me dijo sin tratar de moderar su expresión: "Mi hija está endemoniada". "Yo tenía una hija dulce y cariñosa y hace algunos meses se ha transformado en una persona horrible..." "Grita como una loca, da patadas a las puertas, es imposible vivir con ella".

Cuando tuve acceso a la hija y pude interesarme por cómo se sentía, entre otras cosas me presentó la siguiente queja: "Mi madre no me escucha".

Al contrastarlo con la madre, ésta me dijo que no estaba para escuchar tonterías. "Tengo mucho trabajo, cuando mi hija abre la boca ya sé lo que pretende y le respondo sin más". Continuó: "Cuando llego a casa ella no ha realizado sus tareas y me enfado mucho..."

Me costo algún tiempo hacer entender a la madre lo importante que era para su hija que ella se sentara a escucharla y se interesara por sus cosas. Cuando quedó convencida y se comprometió a llevarlo a la práctica, me llamó pasados quince días diciéndome: "En casa ha pasado un milagro, mi hija vuelve a ser dulce y cariñosa".

El valor lo tienen por lo que son, no tanto por lo que hacen. La peor trampa que pueden tenderle a un niño, es hacerle creer que vale por lo que hace. Si hace las cosas que satisfacen a los padres, vale; en caso contrario, no. Si aprueba los exámenes, vale; si los suspende, no. Si juega bien a algún deporte, vale; si es torpe, no.

El hijo necesita sentirse digno. La dignidad está relacionada directamente con el respeto y el niño necesita sentirse respetado para concebir que es persona. La forma en que los padres se dirigen a su hijo, las palabras que le dicen y el trato que le dan contribuye, junto con la valoración, a conformar la imagen de sí mismos, requisito imprescindible para una sana autoestima.

Muy a menudo me encuentro en las sesiones de psicoterapia a pacientes adultos que al conectar con experiencias de su infancia rompen a llorar y expresan sin control todo el odio que sienten por alguno de sus padres. Las órdenes, gritos, insultos, humillaciones, abusos, palizas y diferencias de trato han destrozado su dignidad. Cuando a alguien lo humillan, duele, y ese dolor se clava en el alma; mucho más en la del niño, que depende de los adultos y no puede defenderse. Se sienten indignos, que no merecen las mismas cosas que los demás. Esto les hace sufrir y se vuelven especialmente susceptibles a sentirse agredidos con menosprecio.

El hijo necesita sentirse útil. Cualquiera puede ver cómo le brillan los ojos al niño o la niña que está ayudando a su mamá o papá, y éste se lo reconoce. "Con tu ayuda he podido terminar la comida a tiempo". Entonces el niño se siente útil, que sirve para algo. Se concibe a sí mismo como capaz y competente, que el esfuerzo vale la pena, y se siente realizado como persona.

Muy al contrario cuando el niño escucha: "Sal de aquí, que me estás estorbando". "Cuando te pido algo, me das el doble de trabajo"; "Todo lo enredas..." y otras expresiones similares, trata de evitar la cooperación y se emplea en actividades que le dan satisfacción y no entran en conflicto con sus padres. Entonces los padres se quejan de que no ayuda en nada; la causa es que su motivación ha sido frustrada.

El hijo necesita sentirse seguro. Los padres son la mayor fuente de seguridad para los hijos y lo propio es que cuando están a su lado se sientan confiados y tranquilos. Sin temor ni al presente, ni al futuro; sin que se sientan condicionados por algún tipo de peligro y puedan desarrollarse tal como son. No sólo les da seguridad la presencia de los padres, sino lo que perciben en ella. Cuando los padres están nerviosos o descontrolados, los niños se inquietan, se asustan y caen en ansiedad. Se sienten profundamente débiles, vulnerables y solos a causa de su necesaria dependencia e indefensión.

Hay otra cosa más que crea problemas de ansiedad e inseguridad en los niños y es la incoherencia en la conducta de los padres: en ocasiones las cosas son de una determinada manera, mientras que en otras, todo puede ser diferente. Las normas están y no están, se usan dependiendo de determinados intereses o de los estado de ánimo. Esta inconsistencia en la vida familiar, en sus comportamientos y reacciones, es motivo de mucha inseguridad en los menores.

El hijo necesita sentir placer. Como es natural en todo ser humano, en su interior actúan los sentimientos de placer y displacer, su instinto lo conduce a conseguir satisfacción de las cosas, a experimentar sensaciones y sentimientos felices. No es un capricho, es una necesidad anímica. Ser feliz es un derecho como ser humano. No se interprete que para hacer feliz a un niño habrá que darle todo lo que pide, esto sería convertirlo en un ser profundamente infeliz y desgraciado. El hijo necesita aprender a ser feliz con lo que es y con lo que tiene, aprender a disfrutar de sus padres y hermanos, de las cosas simples y sencillas de la vida que están al alcance de todos. El niño muchas veces se sentirá infeliz con cosas de valor, la cuestión es más bien que él sepa valorar todo lo que le rodea y disfrutarlo.

Cuando se analizan las causas de muchos problemas en los niños y en las relaciones entre ellos y sus padres, en la mayoría de los casos, se acaba desembocando en la falta de satisfacción de una o más de estas necesidades. Los padres pueden reflexionar sobre esta cuestión con mucha probabilidad de acierto. Se trata de averiguar cuál de estas necesidades no anda bien satisfecha. No estoy diciendo que se lo pregunten al niño, él seguramente no lo sabe; sólo sabe que se siente mal y que se siente empujado a hacer cosas que ni a él le gustan, ni sabe por qué las hace; y en cambio, sí sabe que le traerán problemas.

Muchos padres han mejorado sustancialmente la relación con sus hijos, sólo por empatizar con ellos respecto a sus necesidades y sentimientos. Es necesario hacer un pequeño esfuerzo para indagar y averiguar las causas de sus malas conductas. Esto es más importante que las propias conductas en sí mismas. Las causas esenciales de las que derivan la mayoría de conductas inadecuadas son pocas. Tratar de estar pendiente de satisfacerlas puede rendir muy buenos resultados.

Los efectos de la desmotivación

Sin motivación las personas hacen las cosas de forma obligada, no las disfrutan y requieren mucho más esfuerzo para realizarlas. Un niño puede pasarse varias horas seguidas delante de un videojuego, puede correr sin parar durante una hora disputando un partido, hablar por horas con sus amigos; pero puede costar mucha insistencia de sus padres el hacerle estudiar un poco, que baje la basura o que tenga una conversación distendida con ellos. La diferencia entre estos dos tipos de conductas radica fundamentalmente en un mecanismo mental: *la motivación*.

Encontrar la forma de que los hijos hagan las cosas con motivación es un arte que deberían aprender los padres para poder disfrutar de lo mejor de sus hijos.

Un antiguo refrán dice: "No obligues al caballo a beber, hazle tener sed y beberá solo". Facilitar la generación del impulso interior elimina cualquier tipo de resistencia; entonces, lo difícil se hace fácil. En general los niños tienen más necesidad de estímulo que de castigo; no es lo mismo realizar una acción para evitar un castigo, que desear hacerla por las satisfacciones que reporta.

La motivación es una orientación activa persistente y selectiva; un impulso que nos permite mantener una cierta continuidad en la acción, que nos acerca a la consecución de un objetivo y que una vez logrado, saciará una necesidad, o resolverá un estado interior de tensión.

Muchos padres se quejan de que sus hijos colaboran muy poco en atender a sus responsabilidades, también muestran resistencia a prestar ayuda cuando se les solicita. Sólo atienden selectivamente a unas pocas cosas que les gusta hacer, para todo lo demás muestran mucha negligencia y disgusto, lo hacen forzadamente o se niegan a hacerlo y se crean muchas tensiones entre ellos y los padres.

Los padres acaban aceptando que es cuestión de la edad o del temperamento y que vivir empujando todo el tiempo a los hijos es lo normal; muchos de ellos, agotados, dejan de luchar. Otros caen en una dinámica de gritos, castigos y malos tratos.

Esta desmotivación y desinterés hacia una serie de actividades, no siempre tiene una causa genética ni evolutiva, más bien suele ser una reacción negativa hacia los padres y lo que ellos representan para el niño.

Es cierto que hay temperamentos mucho más predispuestos a cooperar que otros, pero atribuir la falta de actividad positiva en un hijo sólo a cuestiones de temperamento, sería sacudirnos parte de nuestra responsabilidad y no beneficiaríamos en nada a nuestro hijo.

Será mucho más constructivo buscar la causa en la particular relación que han mantenido los padres con el hijo. Ahí encontraremos diferentes carencias en el trato estimulante por parte de los padres y repetidas frustraciones sufridas por el hijo.

En general, el ser humano tiene rasgos hedonistas desde su nacimiento, tiende a repetir lo que le produce algún tipo de satisfacción, y trata de evitar aquello que le produce insatisfacción. Funciona mejor *atraído*, que *empujado*.

Si la relación con los padres es estimulante, dando éstos satisfacción a las necesidades anímicas del hijo, su tendencia será agradar a los padres para seguir disfrutando de todo lo bueno que recibe de ellos.

Qué desmotiva a los hijos

Una conversación entre el padre y su hijo de 8 años discurrió de la siguiente forma:

- Y a ti Felipe, ¿qué te gustaría ser en el futuro?
- Mayor.
- Y ¿por qué?
- Para poder mandar y tener siempre la razón.
- ¿Quieres decir que los mayores nunca se equivocan?
- Sí, se equivocan muchas veces, pero siempre tienen razón.

Como ocurre con los adultos, la motivación de los niños se resiente cuando se encuentran en situación de indefensión y no sólo se debilita, sino que puede invertir su signo y convertirse en rechazo. Se encuentra en indefensión cuando el que tiene más poder le obliga a aceptar algo injusto; la reacción negativa aparece al sentir frustración, cuando sus esquemas mentales y expectativas se rompen.

Hay que tener en cuenta que los niños no construyen sus expectativas y esquemas mentales por sí solos, sino que son guiados por los padres y el ambiente que les rodea; así van apoyándose en creencias respecto al mundo en el que viven, (que para ellos es la verdad), y cuando esta verdad se contradice sienten frustración y confusión.

En general, la expectativa está basada en la creencia y en la experiencia, y dependiendo de cómo van sucediendo los acontecimientos, las expectativas se van reforzando, modificando o destruyendo.

La frustración suele tener dos tipos de reacciones:

- **Agresividad.** Cuando el niño se siente injustamente tratado, desarrolla conductas reactivas en contra de las figuras de autoridad.
- **Desánimo.** Cuando el niño llega a la conclusión que no vale la pena esforzarse porque no va a conseguir lo que necesita.

Si un adulto pacta el realizar un servicio por un determinado importe de dinero y luego a la hora de cobrar le pagan menos cantidad, se sentirá frustrado.

Evidentemente no estará de acuerdo e irá a reclamar. En el caso de que se nieguen a darle el resto, sentirá mucha rabia y perderá su confianza en aquella persona o entidad.

Si tiene posibilidad, recurrirá a los tribunales y en el caso de que el fallo no sea justo, sentirá impotencia y desánimo. Se sentirá solo y con una mezcla de sentimientos negativos con respecto al que lo estafó, a la sociedad, a la vida y consigo mismo.

Hay mil maneras de poder atentar contra la motivación positiva de los hijos, la mayoría de las veces los padres lo hacen sin darse cuenta y en ocasiones pensando que hacen lo mejor para sus hijos.

Una madre me explicó la petición que le hizo al profesor de su hijo: "Pedí que le suspendiera una o dos asignaturas aunque sus exámenes tuvieran suficiente nivel para aprobarlo. Así podré tenerlo ocupado y controlado en verano". El hijo había estado esforzándose mucho en los últimos meses para superar sus dificultades en algunas asignaturas. Pero para la madre era más importante asegurar su tranquilidad, que la frustración y posterior desmotivación del hijo en los estudios.

La motivación positiva de los hijos hacia todo lo que debe tener valor en sus vidas es uno de sus mejores tesoros con que cuentan. Motivar puede ser laborioso, desmotivar cuesta muy poco, pero volver a motivar después de la frustración es realmente difícil. Sería una gran aportación al proceso educativo que los padres valorasen y cuidasen con esmero esta virtud.

Para reflexionar

En la sala de espera de una escuela de primera enseñanza, había un cuadro colgado en la pared con una serie de frases que invitan a la reflexión. Su tónica general, sigue el principio causa – efecto.

Si un niño vive con hostilidad, aprende a pelear.
Si un niño vive con el ridículo, aprende a ser tímido.
Si un niño vive avergonzado, aprende a sentirse culpable.
Si un niño vive en la crítica, aprende a condenar.
Si un niño vive en la tolerancia, aprende a ser paciente.
Si un niño vive estimulado, aprende a tener confianza.
Si un niño vive con equidad, aprende a ser justo.
Si un niño vive en seguridad, aprende a tener fe.
Si un niño vive con aprobación, aprende a quererse a sí mismo.
Si un niño vive con aceptación y amistad, ¡aprende a encontrar el amor en el mundo!

5: ¿EN QUÉ CONSISTE EDUCAR?

PARTE 2.

Tener hijos no lo convierte a uno en padre, del mismo modo en que tener un piano no lo vuelve pianista.

Michael Levine

Entre las cosas que Dios ha dispuesto en este mundo, se encuentra la familia. La familia convencional es un ecosistema natural fundado en el amor del hombre y la mujer que construyen un ámbito de intimidad para el nacimiento, el crecimiento y la formación de los hijos. Cuando una familia cumple con su misión, no sólo cuida de la salud física de los hijos, sino que desarrolla sus capacidades anímicas y espirituales. Transmite convicciones y valores, enseña a amar, pensar y luchar, y a defenderse de las influencias y agresiones externas, proporcionando a los hijos los recursos imprescindibles para actuar libre y responsablemente. Toda influencia externa debe pasar necesariamente por el filtro que ha creado la familia y hoy más que nunca representa una defensa contra el totalitarismo y las tendencias nocivas.

Muchos de los fracasos familiares se deben a la incapacidad por parte de los cónyuges para plantear un proyecto familiar común. Se habla de muchas otras cosas que pueden ser motivo de ilusión o inquietud y se confía excesivamente en que la educación de los hijos es algo natural que se irá resolviendo sobre la marcha; aunque luego, aparecen las sorpresas. No sólo es necesario hablar de lo que se espera de los hijos, de lo que hay que hacer con ellos, sino también qué se espera del cónyuge.

Los principales educadores son el padre y la madre, responsables del cuidado y desarrollo integral de los hijos. Sin embargo, ¿quién educa a esos educadores? Sin duda alguna, los hijos de padres con problemas y carencias en su educación serán, a su vez, hijos con características similares. De aquí la importancia de tomar conciencia de la necesidad de cambiar el curso de la inercia. El sentido de la responsabilidad nos ha de llevar a tomar el interés y conseguir la formación necesaria como para dar a nuestros hijos la oportunidad que merecen.

Educar

Educar es un proceso que tiene como objetivo formar a la persona, enseñarle a vivir y a convivir. Para ello, es necesario que el niño adquiera conocimientos, desarrolle valores, participe activamente en la comunidad, adquiera su propio criterio y se responsabilice de sus decisiones y comportamientos. Además, debe aprender a experimentar, reconocer, comprender y saber expresar emociones y afectos.

En la educación hay dos aspectos muy importantes a tener en cuenta: el primero hace referencia a la acción que el ambiente ejerce sobre el niño (todo aquello que padres y educadores tratan de enseñar y corregir al niño). El segundo se centra en lo que el niño interiormente hace con todo lo que recibe de afuera. En otras palabras: la acción educativa externa tiene como propósito desarrollar la verdadera educación interna del niño o la niña.

Cuando a un niño se le explica algo, por el momento no puede pensarse en que se ha producido un evento educativo. Dicho evento tiene efecto cuando se ha realizado en el niño algún cambio interior coherente con la enseñanza recibida. Si no se ha producido el cambio es porque hay factores importantes que no se han tenido en cuenta o no se ha actuado sobre ellos y, evidentemente, el objetivo no se ha cumplido.

Resulta bastante frecuente caer en el error de confundir términos como: enseñanza y educación. Se tiene la idea de que explicando al niño cómo deben ser o hacerse las cosas, el educador ha cumplido su misión. Pero la esencia de la educación queda lejos de esta concepción. Actuar así sería desconocer el proceso interno de aprendizaje del niño. Por otra parte, yendo un paso más allá, también hay que llamar la atención sobre otro concepto: instruir no es educar.

Educar es mucho más que instruir: es ayudar al educando a emplear su propia voluntad orientándola al bien que conviene en cada momento; se trata de fomentar en él la adquisición de valores que lleve a la práctica, encaminarle a construir ideales valiosos que actúen como guía en su vida. En definitiva, educar es trabajar con y para el hijo con el fin de que alcance su propia realización integral poniendo en juego todas sus capacidades.

Han existido autores que han hecho un énfasis absoluto en la posibilidad de definir con exactitud la orientación y experiencia de un hijo, dando la atribución a los padres de decidir cómo debe de ser su vida. Pero eso se aparta del verdadero sentido de la educación. Un hijo no es un producto de diseño, es un ser único, nadie en el mundo puede ser como él. Es la nueva aportación de Dios y la naturaleza al enriquecimiento de la humanidad. Así debe ser entendido en la familia para no condicionarlo y privarle a él y a los demás de todo su potencial.

Constituye una tentación en muchos educadores el pretender que el niño sea imagen y semejanza suya. Muchos padres proyectan sus propios deseos o frustraciones en la educación de los hijos, intentando que éstos cumplan con las expectativas que ellos no tuvieron o no fueron capaces de conseguir. De este modo, van limitando la iniciativa del hijo contradiciendo sus propios deseos e inclinaciones.

En el otro extremo se encuentran los autores que abogan por una gran libertad en la educación, difundiendo la idea de educar sin guía, acompañamiento o consejo, puesto que significaría privar de libertad o creatividad al niño. Asimismo, poner límites, establecer ciertas normas, regañar o imponer un castigo, ocasionaría al niño, cuando menos, un "trauma".

A veces a los padres les resulta difícil no tolerar la incomodidad que supone educar y en ocasiones incluso temen inconscientemente perder el amor de su hijo. Ser un buen padre puede confundirse con ahorrar al niño cualquier disgusto o conflicto, dándole todo lo que pide. Es necesario reflexionar sobre estas posiciones que están en el origen de muchos problemas del desarrollo personal y de la convivencia.

La educación es un proceso

Una de las ventajas que tienen las personas respecto a los animales es que deben permanecer durante mucho tiempo al cuidado de los padres. Éstos enseñan a sus hijos a caminar, a hablar, a alimentarse, a vestirse, etc. El despertar del alma y del espíritu de un niño tiene por sede la familia. En ella es donde elabora los primeros conocimientos, adquiere el sentido de las realidades y los valores morales que le guiarán en su vida.

Es una oportunidad en la que padres e hijos han de compartir muchas cosas por un tiempo. Los padres habrán de adaptarse a las necesidades y capacidades de los niños y niñas en sus distintas etapas evolutivas. Lo propio del modelo educativo no es establecer relaciones de poder, sino vínculos de respeto y promoción de la autonomía.

La educación es un proceso constructivo, tanto por parte del niño como de los adultos. La persona no se limita a incorporar los conocimientos que le llegan de fuera, sino que los reconstruye de un modo individual. Por otra parte, los padres crecen junto con sus hijos, aprenden y desarrollan aspectos de su propia personalidad que difícilmente desarrollarían si no tuviera que cuidar y educar a sus hijos.

La educación no es un proceso lineal. Hay avances, retrocesos y estancamientos. Tampoco es un proceso limitado en el tiempo, en realidad dura toda la vida. Una persona nunca está totalmente educada, siempre está educándose y debe estar abierta al aprendizaje que le aportan las nuevas experiencias. Si no es lineal, tampoco es uniforme: podemos encontrar personas muy bien educadas académicamente, pero maleducadas en otras importantes facetas de la personalidad.

La implicación

La educación transcurre en la relación padres-hijos y la conforma un entramado de palabras, afectos, actitudes, sentimientos, deseos, identificaciones y expectativas. No es posible que los padres eduquen si no se implican plenamente; no funciona el trabajo de salón y guante blanco.

Las satisfacciones y problemas de los hijos deben ser también los de los padres. Existe un compromiso de entrega y de servicio que lleva a los padres a dar a los hijos, no lo que les sobra de su tiempo, sino a compartir con ellos todo aquello que es de verdadero valor para los padres. Esta implicación conlleva el que los padres sean el modelo y ejemplo vivo de sus enseñanzas, donde los hijos pueden mirar, aprender y comprender, no sintiéndose confundidos por la falta de coherencia.

Una labor en equipo

Aunque los padres y madres son las primeras y principales figuras educativas, no son las únicas. A ellos se une la participación de otros familiares, de la escuela, de varios profesionales que intervendrán directa o indirectamente, los medios de comunicación y la influencia del ambiente. Cada uno va suministrando su aportación más o menos positiva y educativa. Pero aunque los padres necesitan auxiliarse de otros, deben liderar y supervisar el proceso educativo por dos razones: su amor hacia sus hijos y su responsabilidad de padres educadores.

Padre y madre forman un equipo en un nivel de intimidad educativa; padres y abuelos (u otros familiares) ampliarán este nivel familiar, que debe estar en armonía con el primero; padres y profesores deben cooperar en otro nivel de formación; padres y televisión (si la hay en casa) deberán formar otra unidad educativa. Pero hay dos cosas importantes: la primera es que el padre y la madre son el eje de referencia en todos los casos; la segunda es que el equipo más importante de todos es el que forma la llamada *familia nuclear*.

6: El principio de autoridad

Parte 3.

> Trate a las personas como si fueran lo que deberían ser y las ayudará a convertirse en lo que son capaces de ser.
>
> **Goethe**

Para muchos, la palabra autoridad no suena muy bien, la asocian con "dictadura", es algo que no les simpatiza. Prefieren decir: "en mi casa somos democráticos". Suena mejor, más socialmente aceptado. La palabra tiene connotaciones de una época histórica en la que los derechos de las personas no eran reconocidos.

A causa de ello la sociedad ha ido pasando desde una educación autoritaria a otra permisiva. Esto ha alcanzado a todos los ámbitos relacionados con la educación, tanto en las familias como en las escuelas. Es lo que se llama el "efecto péndulo".

Relacionados con el concepto autoridad se encuentran palabras como obediencia y disciplina, que generan un rechazo social cada vez mayor.

Todo ello hace que el principio de autoridad esté en crisis, como otros valores fundamentales para poder educar de forma eficiente. Los profesores que tienen a su cargo adolescentes, tienen verdaderos problemas para poder impartir las asignaturas. En las aulas se hace difícil poder concentrarse para aprender, es evidente que el ambiente está fuera de control y el profesor sufre su falta de autoridad. Son comunes los comentarios de los profesores: "Me paso la mitad del tiempo pidiéndoles que atiendan, que se callen, que no molesten".

Si en el área escolar ocurre esto, en el seno de muchas familias no puede decirse que el ambiente que se respira sea mucho mejor. Muchos padres sufren y se desesperan con sus hijos, algunos intentan conformarse pensando que todos hacen lo mismo. La autoridad no la tienen los padres sino los hijos, éstos no respetan ni obedecen, obligan a los padres a hacer lo que no desean y conforme van creciendo se hacen ingobernables.

¿En qué consiste la autoridad?

Los padres tienen a la vez el derecho y el deber de cuidar y educar a sus hijos. Sin autoridad, sin normas, sin disciplina, sin obediencia, nunca puede existir la educación. En este sentido, un aspecto relevante del ejercicio de la autoridad de los padres es la necesidad de marcar límites que vienen determinados por los valores que pretendemos transmitir.

Una autoridad bien establecida implica obediencia de buen grado. Si no hay obediencia con buena disposición, no existe un reconocimiento de la autoridad. La auténtica autoridad es la que es aceptada.

No obedecer significa desautorizar. Cuando un niño se niega abiertamente a obedecer a sus padres, los está desautorizando, expresa que sus padres no tienen la facultad de mandarle y dirigirle. Autoridad implica que la obediencia no es opcional. Si un niño puede tomar como opcional cualquier petición de sus padres, siempre hará lo que a él le venga en gana

Autoridad es el derecho a dirigir, mandar y guiar a las personas que están bajo la responsabilidad de uno. En esta definición se incluyen tres aspectos que nos amplían sustanciosamente el concepto.

Primeramente, *dirigir* significa llevar rectamente a alguien hacia un objetivo. El que dirige sabe dónde hay que ir y sabe el camino que conduce al objetivo. En otras palabras el que dirige tiene la capacidad de llevar a otras personas a conseguir un objetivo que ellas no pueden hacer por sí mismas.

El término *mandar* hace referencia a imponer un mandato o norma y prevenir para que se lleve a cabo. Esto tiene que ver con los límites: para poder avanzar en una dirección hay que limitar la posibilidad de moverse en otras.

Finalmente, *guiar* es ir delante mostrando el camino. Es fácil para el que sigue no perderse si el que va delante va en la dirección adecuada.

Junto con los objetivos nobles que los padres tienen para los hijos, a los cuales intentan conducirlos, tienen la facultad de establecer las disposiciones para que el hijo las lleve a cabo; y tan importante como todo esto, es el modelo vivo que el hijo tiene en los padres en cuanto a cómo se llevan a cabo las enseñanzas que reciben.

Dos tipos de autoridad

De lo dicho anteriormente, se desprenden dos tipos de autoridad: la autoridad legal y la autoridad moral.

La autoridad legal es la atribución que alguien tiene de mandar a causa de la posición que ocupa respecto a los demás. En el caso de los padres, ellos son los responsables de los hijos, y como tales tienen el derecho legal de ejercer la autoridad sobre ellos.

La autoridad moral es el reconocimiento que se le otorga a una persona como modelo o punto de referencia a causa de su coherencia entre lo que dice y hace. En este caso no hay imposición, sino confianza.

No todos los padres tienen la capacidad de vivir consecuentemente con los dos tipos de autoridad. Cuando un padre ejerce autoridad legal pero no moral, el hijo se siente injustamente tratado y generará resentimiento y desconfianza. Si no ejerce autoridad legal, el hijo no tendrá límites y menospreciará el esfuerzo, las enseñanzas y el ejemplo de los padres.

La autoridad legal está limitada por el tiempo, el hijo llegará a una edad en que los padres ya no tendrán autoridad sobre él. En cambio, la autoridad moral puede durar toda la vida. No importan los años que pasen, si los padres se han ganado la confianza y reconocimiento de los hijos, éstos seguirán considerando respetuosamente todo lo que aquéllos les digan.

Diferentes modelos de autoridad

Cuando observamos la forma en que los padres ejercen la autoridad con sus hijos, nos encontramos con diferentes modos de hacerlo. Cada uno según sus concepciones y experiencia aplica un modelo de autoridad con unas características típicas que lo definen, y que se pueden agrupar en cinco categorías:

Padres autoritarios: Son la autoridad absoluta e indiscutible de la familia. Tanto el padre como la madre ejercen un continuo control sobre los hijos, y los conforman por los medios necesarios (castigos) a someterse al modelo de hijo que ellos entienden que debe ser.

Parten de la base de que los hijos tienen una tendencia al mal, y dejarlos en libertad supondría la ruina para todos, por ello es necesaria una estricta disciplina que los moldee.

Estos padres siempre dicen a sus hijos todo aquello que deben y no deben hacer, les ponen muchas restricciones y no les conceden la facultad de opinar en las decisiones que afectan a la familia. Confían en la corrección física y los castigos, que se aplican bajo su juicio arbitrario. La obediencia a los padres es el principal objetivo; si los hijos lo aprenden, todo lo demás saldrá bien. El respeto tiene una sola dirección, los padres pueden airarse con los hijos y gritarles, pero nunca le permitirán a éstos que respondan de la misma manera.

Durante los primeros años, los padres consiguen su propósito con estos métodos, pues los niños no pueden defenderse. En el caso de que la actitud de los hijos sea negativa, entenderán que deben seguir ejerciendo sobre ellos más presión. No reflexionarán sobre la posibilidad de que el negativismo sea una reacción al sistema educativo que siguen.

Posiblemente hasta la adolescencia no se harán evidentes las consecuencias de la represión de sus sentimientos. El resentimiento, la impotencia y la injusticia pueden dar lugar a un enfrentamiento abierto con los padres o una actitud de escape hacia ambientes que éstos desaprueban.

Padres tolerantes. En el otro extremo nos encontramos a los padres indulgentes: para ellos la obediencia no es lo más importante. Su preocupación se centra en proporcionar al hijo un ambiente que le permita desarrollarse a sí mismo. La concepción educativa que da base a este modelo es que la naturaleza humana es esencialmente buena; por lo tanto, es necesario su libre expresión, así como el que ellos tomen sus propias decisiones. Existe poca acción de gobierno por parte de los padres; las palabras mandar, obedecer, disciplina, deber, obligación son rechazadas por los padres.

También en estos padres se abriga un temor a no traumatizar a los hijos imponiéndoles mandatos, normas o la aplicación de algún castigo. Acostumbran a explicar que en su experiencia de niños fueron obligados a hacer cosas que no querían y fue contraproducente, quedando marcados para el resto de sus vidas.

El error fundamental del que parte este modelo es que el niño no es esencialmente bueno, sino que en él existen potencialmente todas las posibilidades. Ocurre lo mismo que con el lenguaje: cualquier niño tiene la capacidad innata de hablar cualquier idioma. El ambiente en el que viva, será el que determinará qué lengua o lenguas hable; en un caso extremo, el niño sólo emitirá sonidos si nadie le enseña a hablar.

Estos mismos padres reconocen que no dejarían a su hijo sin asistir a la escuela, aunque el primer día de clase el niño llorara y quisiera volver a casa con su madre.

Los hijos que crecen bajo este modelo no son más felices y realizados que otros; muchas veces es al contrario: son muy caprichosos y exigentes, tienen muy poca tolerancia a la frustración, son inseguros y su autoestima sufre carencias importantes.

Otras causas que pueden llevar a ejercer este modelo permisivo son las siguientes:

Los padres se encuentran abrumados tratando de sobrevivir, cubriendo sus necesidades básicas y otras que se van imponiendo para no descolgarse socialmente. Este ritmo les quita tiempo y energía para poder dedicarse a sus hijos con la atención necesaria para educarlos convenientemente.

Los padres tienen una importante confusión acerca de lo que es correcto, les falta seguridad en las acciones que han de tomar respecto a los hijos y, ante la duda, prefieren tolerar antes que imponerse.

En definitiva, una familia donde la autoridad de los padres no es ejercida es similar a una orquesta sin director: todos los músicos tienen la capacidad de tocar bien o mal, de forma concertada o desconcertada. Nadie exige unos horarios de ensayo, tampoco la forma de interpretar las partituras. Todos actúan como mejor les parece y en estas condiciones el resultado puede ser cualquiera.

Padres ambivalentes. Quizás el grupo más numeroso de padres se encuentra en este modelo. La característica más sobresaliente es la alternancia entre la permisividad y el autoritarismo. Los padres comienzan consintiendo en las desobediencias, caprichos y faltas de respeto (en algunas ocasiones les puede parecer, hasta gracioso). Cuando los niños van creciéndose en su obstinación y conductas negativas, los padres comienzan a perder la paciencia y el control; entonces cambian radicalmente volviéndose autoritarios, ejerciendo si cabe algún tipo de violencia con los hijos.

Oscilan entre dos tipos de mensaje: "eres libre para hacer lo que quieras pero dependiendo de lo que me fastidies puedes pagar unas consecuencias imprevisibles".

Oscilan entre dos tipos de sentimientos: "eres el niño más maravilloso del mundo pero sueles convertirte en un monstruo que me hace la vida imposible".

Estos padres no se identifican con la concepción autoritaria ni permisiva, pero actúan como tales dependiendo de las circunstancias.

Los hijos criados en este ambiente pueden tener carencias y trastornos muy variados. El aprendizaje del mundo que realizan es muy distinto al que sus padres piensan, suelen volverse muy egoístas e independientes, la comunicación con los padres es muy pobre y pueden aislarse por horas con los artilugios electrónicos. No comprenden a los padres ni se sienten comprendidos por ellos. Suelen caer presa de las modas y tendencias juveniles, donde encuentran sus mayores satisfacciones.

Padres democráticos. Otro estilo de educación que en los últimos años ha intentado hacer adeptos es el modelo democrático o igualitario de la vida familiar. El principio de este modelo defiende que cada miembro de la familia debe ser igualmente valorado; esto significa que la autoridad de los padres queda fuera de lugar y se sustituye por el consenso, teniendo igual peso las opiniones de los hijos que las de los padres. En principio suena muy bien, tiene cierta atracción; puede dar la idea de vivir una experiencia idílica, pero no funciona.

Cualquier cosa será discutible. Cuando el mismo derecho de los padres se otorga a los hijos el resultado es el caos y la confusión. La unidad y armonía familiar se encuentran constantemente comprometidas. Sin darse cuenta, estos padres parten de una concepción errónea: *padres e hijos no pueden tener la misma autoridad porque no tienen la misma responsabilidad.* Los hijos no tienen las mismas necesidades, capacidades, ni experiencia que los padres. Ellos están en un proceso de formación y su visión y valoración de las cosas es instintiva y hedonista más que racional y con perspectiva de futuro. La igualdad de valor en cuanto al hecho de ser personas, no significa que debe haber una equivalencia de funciones en cuanto a lo que cada uno debe hacer para llegar a buen puerto.

Los niños que crecen en este tipo de ambiente desarrollan una notable habilidad para la manipulación con razonamientos, de manera que sus padres a menudo quedan desbordados y la autoridad real queda de parte de los hijos. Suelen experimentar muchas frustraciones, pues aunque consiguen las cosas que quieren, luego no les satisfacen. No tienen autodisciplina y cuando las cosas se ponen difíciles dejan de hacerles frente.

Padres educativos. Este modelo supera los puntos débiles de los autoritarios, permisivos, ambivalentes y democráticos. *Su atención fundamental está puesta en la educación.* Su concepción básica es que *la autoridad de los padres está al servicio del aprendizaje de los hijos.* Se utiliza para ayudarlos a desarrollar sus capacidades y valores morales.

El objetivo final del ejercicio de la autoridad de los padres es la consecución de la plena autonomía de los hijos. En la misma medida que los hijos asumen sus responsabilidades y desarrollan la capacidad para tomar decisiones morales conscientes, va desapareciendo la necesidad del ejercicio de la autoridad de los padres.

Aquí los padres no son exclusivamente dictadores o amigos, *son eminentemente educadores que ejercen la autoridad en amor*. Esto significa que buscan el bien del hijo por encima de otras cosas como su comodidad o la aprobación del niño. Están haciendo por el hijo lo que él aún no puede hacer por sí mismo.

El término disciplina no está asociado a castigo en esta posición, sino que toma el significado de entrenamiento que tiene como fin el formar una pauta de conducta.

Una de las diferencias más fundamentales entre el padre educativo y las posiciones de autoritarismo o amiguismo con los hijos es el egoísmo. La persona autoritaria piensa primero en ella y obliga al hijo a someterse a su voluntad porque le hace sentirse bien. El amiguista busca la aprobación del hijo para evitarse problemas y cae en la permisividad que se opone al bien del hijo.

Cómo se socava la autoridad de los padres

Los principales responsables de perder la autoridad sobre los hijos son, evidentemente los padres. Cuesta verlo y admitirlo, pero en condiciones normales (cuando los padres cuidan de los hijos), sería engañarnos si buscásemos otros responsables de la pérdida de autoridad.

Veamos algunos de los factores que son determinantes en el menoscabo de la autoridad del padre y la madre sobre los hijos:

FALTA UNIDAD DE CRITERIO EN LOS PADRES
Esta es de las causas más importantes que provoca la incoherencia educativa. Los padres no comparten la misma visión sobre la educación de los hijos y no han conseguido ponerse de acuerdo. En ocasiones difieren sólo en el cómo, pero otras también en el qué, y esto es aún más grave.

Discusiones en presencia de los hijos. Estas discusiones pueden venir motivadas por diferencias en la relación matrimonial o por el trato que uno de los padres da a los hijos. En cualquier caso es perjudicial para los hijos y les genera emociones negativas hacia los dos o contra el progenitor con el que se identifican menos. Por otra parte, la incapacidad que muestran los padres para resolver sus problemas de forma pacífica y educada, los desacredita totalmente ante los hijos. "Siempre os estáis peleando, sois peores que nosotros".

Alianzas entre el hijo y uno de los padres. Entran en un juego de confidencias y concesiones que el otro cónyuge ignora y el hijo saca partido de esta situación acrecentando su egoísmo. "...Pero no se lo digas a papá".

Indultos encubiertos. Un padre desautoriza al otro modificando una orden que éste ha dado, otorgando una petición negada o levantando un castigo impuesto. El hijo actuará con astucia no respetando a ninguno de los dos. "Cómpratelo, pero que no te vea mamá".

Un padre utiliza al otro para ejercer autoridad sobre el hijo. Esta estrategia suele tomar forma de amenaza cuando uno de los padres ha perdido su autoridad natural sobre el hijo y se vale del temor que puede infundirle al hijo la reacción del otro padre cuando el primero le pase la información. El hijo acabará resentido contra los dos. "Si no lo haces, ya puedes empezar a temblar, porque cuando venga tu padre se lo contaré todo".

NO PREDICAR CON EL EJEMPLO

Cuando los padres exigen a sus hijos lo que ellos no están dispuestos a hacer, crean conflictos internos en sus hijos que ellos resolverán de forma generalmente negativa para la relación.

Los padres no respetan las normas generales. Es propio que en una familia haya dos tipos de normas: unas generales y otras específicas. Las generales afectan a todos: padres e hijos. Y las específicas tienen que ver con las funciones y deberes de cada cual.

Si alguno de los padres no las respeta (tanto las generales como las específicas), el hijo se siente injustamente tratado, pierde la confianza en el padre y deduce que no es importante respetarlas. "Tú ves la tele cuando quieres y a mí sólo me dejas un poco por la tarde".

Las licencias. Hay padres que tratan de que sus hijos asimilen unos principios morales; pero ellos se toman licencias: no hacen lo que dicen que hay que hacer. Por ejemplo: exigen respeto, pero no respetan y justifican la falta de control cargando la culpa en la conducta de su hijo. "Te grito porque soy tu madre y porque me pones muy nerviosa".

Falta de veracidad. Los padres se desacreditan ante el hijo porque incurren frecuentemente en una serie de declaraciones que no se corresponden con la realidad: Promesas que no se cumplen, advertencias y amenazas que no se llevan a cabo. Mentiras para salir de diferentes apuros y exageraciones para sacar algún tipo de beneficio. "Esta mentira no le hace daño a nadie".

PERMITIR LAS ESTRATEGIAS DE LOS HIJOS

Los hijos, por instinto natural, crean luchas de poder con los padres contra su principio de autoridad. Su posición de inferioridad les lleva a desarrollar diferentes maneras de no aceptar la autoridad, unas de forma activa, y otras más pasiva. El objetivo es hacerse con el control y van probando cuál de las estrategias empleadas les da mejor resultado. Cuando la encuentran la establecerán como hábito. En el caso de que los padres caigan en el juego de los hijos pueden pasar desde el desespero a la aceptación. Algunas de estas estrategias son las siguientes:

> El niño se niega abiertamente a realizar la petición de los padres: "No quiero hacerlo".

> El niño se queja y protesta desviando la realización de la petición: "Siempre me toca a mí, que lo haga otro".

> El niño retrasa la ejecución de la petición: "Ahora voy....", "Ya te he dicho que ahora voy".

> El niño ignora la petición, como si no la hubiera escuchado: .....

El niño realiza la petición de mala gana: "Ya estoy harto de hacer siempre lo mismo".

El niño realiza la petición cuando él quiere: "Ya lo haré mañana".

El niño realiza la petición sin interés ni responsabilidad: "Me da lo mismo que se caiga".

En todos estos casos existe una no aceptación de la autoridad.

LA AUSENCIA DE CONTROL AMBIENTAL

Los padres tienen la responsabilidad de administrar y supervisar todos aquellos medios y ámbitos a los que sus hijos tienen acceso. Conforme el niño va creciendo su dependencia directa de los padres va disminuyendo y aumenta la influencia de otros elementos ambientales sobre él. Si esta influencia resulta contraria o distorsiona la educación paterna en los años más importantes de la evolución del hijo, todos vienen a sufrir las consecuencias.

La eficiencia en la educación

No parece muy inteligente cuando se observa a padres e hijos atascados en un círculo vicioso de conductas y reacciones recíprocas; pasan las semanas y los meses, y en ocasiones hasta los años, sin que el problema se resuelva. Cuando esto ocurre, las relaciones se deterioran, los problemas se enquistan y se puede entrar en una espiral de confrontación negativa.

Cuando hablamos de que una acción es eficiente, nos referimos a que cumple el propósito que dio origen a dicha acción. Esto significa que la acción por sí misma no garantiza el cumplimiento del propósito que la impulsó. Podemos generar mucho esfuerzo, actividad y hasta sufrimiento sin ser eficientes. En la eficiencia no se trata tanto de hacer mucho o bueno, sino más bien de hacer lo adecuado para conseguir el objetivo deseado. Podríamos sintetizar el concepto definiéndolo como la acción sabia.

El efecto Pigmalión.

Pigmalión era un rey chipriota que se enamoró de una estatua femenina de marfil que él mismo había esculpido. Afrodita (diosa de la fertilidad) atendió sus ruegos y le dio vida, y el rey se casó con ella.

La analogía de este mito en psicología tiene que ver con un fenómeno muy interesante: La poderosa influencia que las creencias y expectativas de padres y educadores tienen sobre los que dependen de ellos. El condicionante es doble: por su parte, padres y educadores actúan según sus creencias y expectativas, limitando o ampliando la capacidad de actuación del educando. Por la otra parte, los menores tienden sin darse cuenta a hacer lo que se espera de ellos, que no siempre coincide con lo que se desea. Esto funciona tanto para lo positivo como para lo negativo.

Los padres muchas veces no son conscientes de este fenómeno y para ellos lo "realista" es pensar de sus hijos por lo que ven. Piensan que no deben engañarse pensando en mejores posibilidades o sienten temor de que las cosas salgan mal y puedan sufrir algún disgusto. Todo ello les tiene condicionados a unos y a otros, haciendo difícil el cambio y progreso personal del menor.

Por ejemplo, podríamos considerar el caso de una madre que se queja de su hijo al cual califica de irresponsable. Tal creencia lleva a esta madre a estar pendiente constantemente de las obligaciones que el niño debe atender. Le llama por la mañana, le da la ropa que debe ponerse, le prepara el desayuno, vigila que en la bolsa lleve todo lo que necesita en la escuela, etc.

Esta conducta de la madre está reforzando necesariamente la irresponsabilidad del niño; el niño aprende a no preocuparse de nada, pues su madre todo lo prevé y controla. La madre no es capaz de confiarle el cuidado de sus cosas porque el hijo incurre en olvidos graves. El círculo vicioso ya está establecido y la madre le repite continuamente al hijo que es un irresponsable y que si no fuera por ella le ocurrirían los mayores desastres. Irremediablemente, el problema se consolida.

En el caso que este niño tuviera que vivir durante un tiempo en otro ambiente (un campamento de verano), donde le delegaran la responsabilidad de sus cosas personales y tuviera que depender de sí mismo para su cuidado, su conducta cambiaría totalmente, mostrándose como un niño responsable. A mucho padres les cuesta entender esto: cuando sus hijos no están a su lado, muchas conductas mejoran.

La madre espera que el hijo cambie para delegarle confianza; el hijo no tiene ningún interés en cambiar porque le es cómodo tal como vive. Es evidente que la única posibilidad de cambio en esta situación se encuentra en el lado de la madre.

La enseñanza y aplicación del efecto Pigmalión es la siguiente: debemos revisar las creencias que tenemos sobre nuestros hijos y ver en qué medida son positivas y facilitan los objetivos que deseamos que se cumplan en ellos.

Cuando esperamos lo mejor de nuestros hijos, porque creemos en sus capacidades, los trataremos de forma coherente con la imagen mental que de ellos tenemos y entonces potenciaremos su desarrollo positivo.

Educar por objetivos y controlar por resultados.

Un sistema de eficacia probada para dar en el blanco, no consiste sólo en apuntar hacia él, sino que una vez lanzado el primer proyectil, se tomará en cuenta la desviación producida respecto al blanco para corregir el nuevo lanzamiento en aquella diferencia.

Cuando se enseña una determinada habilidad o principio moral al hijo, será necesario estar atentos a la diferencia que se produce entre lo que él hace y cómo lo hace respecto a lo que deseamos conseguir en él.

Esta diferencia obedece a unas causas que hemos de considerar para corregir nuestra interacción con él. Si la interacción que ejercemos con él es más adecuada, habrá cambios en los resultados que se acercarán más al objetivo deseado.

Si el cambio introducido no ha sido adecuado, lógicamente los resultados serán peores que los anteriores y comprenderemos que la acción que hemos de seguir está en otra dirección. ¿Cómo saber que una estrategia es mejor que otra? Una vez la hayamos razonado según nuestros propósitos, su aplicación práctica nos dará la respuesta.

Siguiendo el principio causa-efecto, si la conducta del niño que se somete a intervención no experimenta cambio positivo, generalmente será por tres causas: O la estrategia no es la adecuada, o no ha dado tiempo para que la estrategia correcta produzca el cambio, o existen otros factores que condicionan el cambio los cuales habrá que descubrir.

Aplicación de la autoridad educativa

A continuación se exponen una serie de pautas, que en su experiencia práctica han demostrado ser muy eficaces y educativas. Se trata de una guía para vivir la autoridad en familia, según los principios del modelo de los padres educativos.

La autoridad debe darse en una relación de amor.

Es muy difícil que el principio de autoridad cumpla el propósito educativo cuando el hijo no tiene la absoluta seguridad de que sus padres le aman. La niña o el niño que no se siente amado no puede recibir de buen grado ni las enseñanzas ni las disposiciones de sus padres. "Mamá, yo sé que no me dejas ir porque me quieres mucho..." La buena relación hace que el niño perciba una intencionalidad positiva en la autoridad de sus padres.

Debe ejercerse desde el principio.

Una cuestión fundamental es que la autoridad de los padres debe ejercerse desde el inicio de la vida de los niños. No se les hace ningún favor retrasando el momento de comenzar. Todos los investigadores coinciden en que los primeros años son cruciales para establecer las líneas maestras en la educación de los hijos; perder esta oportunidad de oro es lamentarlo más tarde, tener que esforzarse y sufrir mucho más juntos para conseguir cosas que se hubieran producido de forma natural. En esta primera etapa es cuando debe realizarse el establecimiento de hábitos y de normas más esenciales, que determinarán en buena medida cómo será el resto de su vida. "Siempre me has dejado hacerlo, ¿por qué no ahora?"

Hay que establecer normas claras y concretas.

Hay familias que no tienen normas específicas para regir su funcionamiento. Lo que haya que hacer depende de la inercia del momento o de los estados de ánimo de alguno de los padres. En este caso los niños se sienten confusos y desorientados, se rebelan constantemente contra las peticiones de los padres, nunca sienten que es el momento adecuado para hacer las cosas o que se les trata injustamente.

Los hijos se sienten mejor cuando hay unos límites claros, los niños tienen una necesidad natural de significado que requiere un sentido del orden. Todos necesitamos saber dónde vamos y por dónde va el camino. Las normas dan seguridad porque se puede predecir, siempre se sabe lo que es correcto y lo que no lo es.

Las normas son mucho más efectivas si se convierten en rutinas y rituales; en el momento que una actividad pasa a ser algo habitual deja de crear posibles conflictos

Por ejemplo, la madre se queja y riñe a su hijo cuando éste vuelve de la escuela: "Te he dicho mil veces que debes ser más ordenado, ve a hacer tu cama". Es mejor establecer que el niño haga su cama entre el aseo y el desayuno como un eslabón más de una cadena. Cuando esta actividad sea asimilada por el niño no causará más conflictos.

La aprobación y desaprobación de los padres debe ser moderada.

Hay varias razones para poner atención en la forma que se debe reaccionar ante las conductas de los hijos. La moderación en todos los casos es la mejor regla. Muchas veces los niños hacen malas conductas para llamar la atención, si los padres reaccionan perdiendo el control, puede convertirse en un incentivo para que vuelvan a repetirlo: "Eres un inútil, siempre tengo que estar pendiente de ti". Por otra parte, el niño aprende que cuando ocurre algo que le disgusta debe reaccionar fuertemente, porque así lo hacen sus padres: "Como vuelvas a molestar a tu hermana, te mato a palos". Los padres educativos deben atender a la corrección de la mala conducta más que a la frustración o disgusto que les pueda producir a ellos: "Tendrás que volver a ordenar los juguetes, no has mostrado ser muy cuidadoso con tus cosas".

En el caso de las conductas correctas, lo propio es hacer un reconocimiento adecuado a la acción concreta: "Has ordenado muy bien tus juguetes." No como muchos padres que exaltan al hijo expresándole calificativos exagerados: "Eres el niño más maravilloso del mundo". No se entienda que no debe haber lugar para expresar al hijo nuestros sentimientos: "Te amo con toda mi alma". Pero cuando relacionamos expresiones con conductas, debemos hacerlo educativamente, lo mejor es valorar la conducta en su medida para animar al niño a seguir en la misma línea.

Más eficacia si se prevé con anticipación.

Los padres por experiencia saben que ocurrirán una serie de malas conductas conforme el niño va creciendo y va teniendo acceso a nuevas situaciones. No tienen por qué dejarse sorprender, pueden hablar de estas conductas entre el matrimonio, de cómo reaccionar y corregirlas. Es una ventaja que no hay que desaprovechar por el bien de los niños. Cuando éstos ven que los padres reaccionan de forma serena y segura, como sabiéndose la lección, no sólo les da más seguridad a los hijos sino que se adaptan mucho más rápido a los nuevos comportamientos que deben aprender.

En cierta ocasión fui a visitar a un matrimonio joven que acababa de tener una niñita. La conversación fue derivando en cuestiones de su preparación como padres. En un momento dado, todos estábamos mirando a la recién nacida, y se me ocurrió preguntarles:

- ¿Habéis pensado que un día os dirá su primera mentira?

Los padres se quedaron mirando el uno al otro un poco sorprendidos. Luego el padre me dijo:

- "Nunca nos lo habíamos planteado".

- Aunque lo más importante - continué diciéndoles - , no es el hecho de que diga su primera mentira; sino cómo reaccionaréis vosotros ante esta situación.

Volvieron a mirarse los dos por unos momentos. Seguidamente, el padre dijo:

- La verdad es que nos sentiremos tristes.... tampoco quisiéramos destruirla por eso.... tendremos que hablar del asunto para saber cómo corregirla mejor.

A la pregunta de ¿cuándo deben empezarse a educarse los hijos?, alguien contesto: "Veinte años antes de que nazcan".

Toda conducta tiene su consecuencia.

Ésta es una ley de la naturaleza y cuanto antes los padres se la enseñen a los hijos tanto mejor. Si dejo caer el vaso que llevo en mi mano, dará contra el suelo; si estaba lleno de agua, ésta se derramará; y si el vaso es de cristal posiblemente se rompa. La ley de la gravedad funciona siempre, por tanto nos adaptamos mejor a este mundo cuando somos conocedores de ella. Si le hago una caricia a un perro, éste moverá la cola; si le doy una patada, se volverá contra mí enseñándome los dientes. Toda conducta tiene algún tipo de consecuencia natural y lógica.

Muchos padres caen en el proteccionismo impidiendo que sus hijos experimenten las consecuencias de sus conductas. Es evidente que los padres deben proteger a los hijos de los peligros que les rodean, a veces de sí mismos. Pero hay una gran diferencia entre proteger y caer en el proteccionismo. Con esta actitud por parte de los padres, en principio están potenciando la inadaptación social de los hijos; con el tiempo tendrán que aprender a valerse por sí mismos y posiblemente de forma mucho más dura.

Existen dos tipos de consecuencias: unas son naturales, ocurrirán independientemente de la acción de los padres; otras son las que los padres han de establecer y los niños deben conocer. Los padres educativos aplican este tipo de consecuencias de forma sistemática, igual que lo hace la naturaleza con los que en ella viven.

Cuando los hijos aprenden esta ley universal, los padres se ahorran muchas discusiones, sermones y enfados. Ellos saben que la acción y su consecuencia están íntimamente asociadas y la decisión de encontrarse con la consecuencia no corresponde al padre sino al hijo.

Diálogo.

El hecho de que el hijo se encuentre de forma automática con las consecuencias de sus conductas no quita que exista una buena comunicación entre él y los padres. No hay que confundirlo con las discusiones infructuosas cuando el niño trata de esquivar o rechazar el ejercicio de autoridad de los padres. Me refiero al diálogo propio de una relación de amor que comparte los sentimientos, las ideas, los propósitos y las razones de las cosas. El diálogo favorece el ejercicio de una autoridad con honestidad; los padres deben reconocer sus errores y aceptar en su caso, con naturalidad, las excepciones de la regla, que siempre las habrá.

"Sé que no lo ves igual que nosotros, por eso nos gustaría que nos ayudaras a ver tu punto de vista". Una autoridad dialogante por parte de los padres acepta que el hijo tenga razón cuando efectivamente la tiene.

Firmeza.

En muchas ocasiones los padres tendrán que decir: "No". Entonces será muy normal que el hijo siga insistiendo. Si la negativa de los padres tiene una razón de ser (buscar el bien del hijo), deben mantenerse firmes hasta su aceptación. Esto es positivo para él, le hace entender que hay valores que son lo suficientemente importantes como para defenderlos. Y también, que no tiene unos padres débiles en quienes no puede confiar.

- "Llevo varias semanas pidiéndoos que me dejéis volver a la madrugada y no consentís".

- "Tendrás que asumirlo por tres años más".

El hijo puede insistir para satisfacer un capricho, o por algún tipo de influencia. Más pronto o más tarde se dará cuenta de que los padres tenían razón y se lo agradecerá.

Flexibilidad.

Firmeza no quiere decir rigidez, la diferencia estriba en la flexibilidad. La flexibilidad en la autoridad está relacionada con la empatía, que es la capacidad de ponerse en el lugar del otro. Esta actitud viene del amor y de la sabiduría. En cambio la rigidez procede de una mente estrecha y egoísta.

"Los sábados por la noche veremos la televisión juntos y podrás acostarte a la misma hora que nosotros". La autoridad debe ser ejercida tanto a los dos años como a los doce, pero lógicamente no de la misma forma. El padre educativo sabe adaptar los principios y normas a la madurez del hijo; según su desarrollo concederá un margen de maniobra y de confianza que redundará en respuestas cada vez más positivas por parte del hijo.

Perseverancia.

La educación es un proceso que dura toda la vida y necesita que el esfuerzo educativo se produzca con continuidad. Los padres pueden sentirse cansados porque tienen otras ocupaciones y responsabilidades; desanimados cuando a los hijos les cuesta asimilar un aprendizaje o se resisten a colaborar. La clave es persistir; los resultados vendrán y serán muy satisfactorios para todos.

- Mañana volveremos a intentarlo otra vez.
- Yo no soy como tú, no lo conseguiré nunca, mamá.
- Mañana te saldrá un poco mejor que hoy.

Tirar la toalla antes de tiempo puede ser el fracaso triste e inútil. Por amor a los hijos hay que perseverar hasta el final.

Saber discriminar entre lo importante y lo secundario.

Con demasiada frecuencia padres y madres dan importancia desproporcionada a aspectos secundarios que son propios de la infancia, de su alegría de vivir y necesidad de exploración y movimiento. Pero obvian o dudan sobre otros que tienen trascendencia. La autoridad educativa tiene que centrarse en las cuestiones realmente importantes para los intereses educativos.

"He cogido los caramelos porque no podía dejar de pensar en ellos". La valoración de los padres no será tanto sobre el hecho, que puede ser insignificante, sino sobre su causa, pues detrás del hecho puede haber una actitud o motivación negativa muy fundamental y ahí es necesario aprovechar la oportunidad para actuar por el bien del hijo.

Controlando las invasiones.

Como se ha expresado anteriormente, la autoridad de los padres no puede situarse por debajo de toda la influencia que los hijos reciben del ambiente. Una madre vino a pedir ayuda para su hija; cuando analizamos las conductas negativas, la madre me dijo: "Si la regaño, me dice que todas sus amigas hacen lo mismo y que sus madres no les dicen nada." La conclusión salta a la vista: *O los padres controlan, o serán controlados.*

A continuación relaciono algunas fuentes de influencia que los padres no pueden perder de vista, pues se ha comprobado en numerosos estudios que su influencia viene a ser muy poderosa en cuanto a la desautorización de los padres. Y aunque éstos hayan realizado una buena labor con los hijos, se encuentran con el tiempo, que sus esfuerzos quedan malogrados a causa de los nuevos valores que en el hijo han ido desarrollándose por toda la influencia ambiental negativa que ha recibido.

Otros familiares con relación significativa.

Si hay familiares que van a cuidar de los niños, como pueden ser los abuelos, deben comprometerse a seguir la misma línea educacional de los padres.

"Tú dime lo que te gusta para comer, que tu abuelita te lo hará".

En el caso de otorgarle otro tipo de trato, confunden y trastornan a los hijos, dificultando notablemente la labor educativa de los padres.

Se suele dar la paradoja de que a estos padres los tachan de incompetentes, cuando en realidad tienen que luchar en varios frentes a la vez.

La escuela.

La supervisión de la enseñanza que los hijos reciben en la escuela no puede descuidarse. Estudiarán conceptos sobre moral y filosofía que pondrán en entredicho los principios morales y espirituales que muchos padres tratan de enseñar a sus hijos. Un padre me comentaba que repasaba junto con sus hijos los libros de texto relacionados con la educación sexual, la ética y los principios filosóficos. Decía: "Es mi forma de vacunar a mis hijos contra profesores con escalas de valores diferentes a las nuestras".

Las compañías.

Conforme los hijos van entrando en la adolescencia las compañías aumentan su capacidad de influencia. Es de vital importancia velar por esas compañías y, aún más, prepararlos para que las sepan elegir y protegerse de posibles malas influencias. Prácticamente todos los jóvenes que toman drogas comenzaron influenciados por sus amigos. Muchos de los cambios negativos que los jóvenes tienen en su adolescencia son causados por esta influencia ambiental que arrasa con todo lo positivo que tenían. No se puede esperar a que lleguen los primeros síntomas, hay que trabajar desde la primera infancia preparando a los hijos para esta dura prueba.

"Hemos educado a nuestros hijos en la libertad, ellos sabrán escoger las amistades que más les convengan".

Con tristeza veo como muchos padres descalifican y niegan a sus hijos ambientes y valores espirituales. Se sienten orgullosos de hacerlo así, pero más tarde lloran con mucho dolor su responsabilidad al permitir una alternativa devastadora; no sólo para sus hijos, sino también para el resto de la familia.

La música.

La música es un medio de comunicación excelente en cuanto a inspirar sentimientos y generar sensaciones. Hay música que exalta la espiritualidad, otra el romanticismo y otras provocan impulsos sexuales, o desencadenan instintos violentos. Si no guiamos y ayudamos a nuestros hijos a conectar con un tipo de música que desarrolle sentimientos positivos, alguien puede hacerlo por nosotros conduciéndolos hacia la música que excita y castiga el sistema nervioso; ésta se convierte en una adicción, que cada vez necesita sensaciones sean más intensas para producir satisfacción.

"Mientras comemos, hoy escucharemos baladas, mañana la banda sonora del Titanic".

Por otra parte se encuentran los mensajes que contienen las letras de muchas canciones: promoción y exaltación del abuso de drogas y bebidas alcohólicas, expresión de ideas que presentan el suicidio como una alternativa, violencia, interés por el ocultismo, canciones sobre satanismo y sacrificios humanos, sexo que enfatiza sobre el sadismo, el masoquismo, el incesto, y la violencia contra las mujeres, etc. Todo ello viene a constituir un mensaje de alto valor destructivo para el joven que se enfrenta a una etapa de importantes cambios internos, los cuales estructuran su posición de adulto ante la vida y el mundo.

Los videojuegos.

Para muchos niños y jóvenes constituyen uno de los principales medios recreativos. Los videojuegos no son sustitutos de una buena educación familiar, evitan la comunicación y convivencia entre los miembros de la familia. Muchos padres se tranquilizan al saber que sus hijos están en casa conectados al videojuego; no les preocupa demasiado que puedan pasarse hasta seis horas sin interrupción frente al televisor. Si los padres no ponen los límites, ¿quién los pondrá?

Con frecuencia se llama la atención sobre su riesgo: el abuso del videojuego es nocivo. Producen adicción, estimulan actitudes violentas, fomentan el aislamiento, interfieren en el desarrollo intelectual, pueden generar dolor de cabeza, irritación en los ojos, dolores musculares y vicios posturales.

Los padres deben conocer su contenido y para qué grupo de edad son adecuados. Deben regular esta actividad limitando su uso a no más de tres o cuatro horas por semana, y a la vez tratar de contrarrestar en el niño esta preferencia con otros intereses: deporte, arte, lectura, actividades, juegos de mesa, etc.

"Ahora jugaré contigo en la videoconsola y luego saldremos todos juntos a ver la exposición de libros".

Deben valorar la importancia de relacionarse, y disfrutarlo.

La televisión.

El poder de influencia de la televisión no es ignorado por nadie, tampoco el hecho del pésimo material que transmite. Los padres deben cuidar de forma especial la selección de programas que los hijos van a ver, pues de forma abierta o encubierta muchas veces se presenta un estilo de vida que es contrario a la educación paterna. Algunas pautas convenientes para regular el uso de la televisión podrían ser las siguientes:

· Debe procurarse no dejar solos a los niños viendo la televisión. La presencia de los adultos ayuda a intercambiar opiniones.
· Hay que llegar a un acuerdo sobre los límites de tiempo y oportunidad. Debe ser una norma que todos respeten. La T.V. nunca debe tener la autoridad.

- No es conveniente que la televisión presida las comidas. Se impide la comunicación.
- No debe usarse la televisión como castigo. Podrían interpretar que se trata del mejor pasatiempo.
- El mando a distancia sólo debe usarse por necesidad. No hay que permitir su uso indiscriminado: puede convertirse en un comportamiento neurótico e irrespetuoso hacia los demás.
- Nunca los niños deben hacer sus tareas escolares con el televisor conectado. La televisión es incompatible con un esfuerzo paralelo de aprendizaje.
- Es conveniente utilizar los programas de televisión que ven los niños para estimular actividades que despierten y desarrollen en ellos la participación. Sólo así puede convertirse en un instrumento para aprender y, a su vez, se establece una continuidad entre la televisión y el mundo real.
- Los padres deben ser los mejores ejemplos de cómo hay que comportarse con la televisión. Los niños formarán su idea y hábitos respecto a la televisión basándose en lo que significa para los adultos.

Internet.

Éste es un medio de posibilidades prácticamente infinitas, pero como tal, también incluye peligros infinitos. Tener en casa un ordenador conectado a Internet es poder disponer de todo lo bueno y malo que existe en el mundo sólo apretando unas teclas.

Todos los motivos de preocupación expresados en los apartados anteriores están presentes en éste y, por el mismo motivo, todas las recomendaciones sugeridas anteriormente son particularmente válidas para proteger a nuestros hijos de la influencia negativa de este avance tecnológico, sin que por ello se priven de sus ventajas.

Algunos padres no tienen mucha idea de todo el potencial que contiene Internet, sería conveniente que se asesoraran para poder ejercer un control sobre las actividades que efectúen en él sus hijos. No hay que perder de vista que los padres siguen siendo los responsables de sus hijos aunque éstos manejen cosas que aquéllos no entienden.

Consistencia y coherencia.

El principio de autoridad se reafirma en sí mismo cuando aquellos valores que se defienden son estables y llevados a la práctica por todos.

Hay consistencia cuando lo que se vive se basa y fundamenta en lo que se enseña.

Hay coherencia cuando lo que se vive y se enseña están directamente relacionados y no se contradicen entre sí.

Los niños se dan cuenta perfectamente de la solidez y autenticidad de los valores que sus padres les enseñan. La importancia que ellos les den como presupuestos y principios de conducta, así como la asimilación que hagan de éstos en sus vidas, dependerá de forma determinante de la consistencia y coherencia que muestren sus padres.

7: EL APRENDIZAJE EFICIENTE

PARTE 3.

Instruye al niño en el camino correcto, y aún en su vejez no lo abandonará.

Libro de los Proverbios 22:6

Una de las facultades que dignifican más a la persona es su capacidad de aprender, ya que el cerebro humano está especialmente dotado para esta facultad. La persona puede aprender infinidad de cosas a lo largo de su vida, nadie ha establecido un límite; pero hay algunos riesgos: se puede aprender tanto lo bueno como lo malo, se puede aprender bien o mal, lo que se aprende en los primeros años de la vida será muy difícil de modificar más tarde, etc.

El aprendizaje es la adquisición o modificación de la conducta como resultado de la experiencia. Y ampliando un poco más la definición, se entiende como el proceso de interiorización de normas y pautas de comportamiento, de valores y símbolos socialmente aceptados, y de conocimientos en general, como fruto de la enseñanza, la experiencia o la práctica.

El aprendizaje es un tema amplio y complejo, pero lo consideraremos desde una perspectiva muy práctica, para que todos los padres puedan sacarle provecho. Comenzaremos con dos presupuestos universales que nos servirán como punto de partida:

En principio todos los niños son susceptibles de aprender y ser educados; todos pueden realizar un aprendizaje porque ello es condición natural del ser humano. De hecho, consciente o inconscientemente todos estamos siempre aprendiendo formas de vivir e interactuar con todo lo que nos rodea.

Como consecuencia, si un niño no hace las cosas bien, es que no ha realizado el aprendizaje adecuado. Esta afirmación puede parecer un poco radical, pero si se toma el aprendizaje desde una perspectiva integral, abre una visión de la educación muy interesante.

Si un niño debe encargarse de preparar la mesa para el almuerzo y su madre tiene que andar llamándolo para que lo haga, es que no tiene el hábito adquirido, y por tanto el aprendizaje no está realizado en su *dimensión asociativa.*

Si el niño prepara la mesa, pero lo hace mal, evidencia que le falta práctica; el aprendizaje tampoco se ha realizado en su *dimensión técnica.*

Si lo hace quejándose y de mala gana, el aprendizaje no puede darse por concluido, puesto que existe un conflicto. No se ha conseguido en la *dimensión emocional.*

Dentro de la concepción del aprendizaje, se considera que el niño ha asimilado la responsabilidad de preparar la mesa cuando sin la contribución de la madre, es capaz de preparar la mesa a la hora acordada, sin olvidar ningún elemento y de buena gana.

Me suelo encontrar padres que consideran lo que se acaba de mencionar una utopía. Expresan que se darían por satisfechos si su hijo fuera lo suficientemente obediente como para preparar la mesa cuando se le pide que lo haga.

Hace algunos años, me encontraba impartiendo unas conferencias a un grupo de padres; después de cada conferencia se dedicaba un tiempo a coloquio. Se estaba debatiendo el tema de la obediencia y se notaba la preocupación de los padres por mejorar esta cuestión en sus familias. En una de las intervenciones, se levantó una madre y dijo que ella tenía una fórmula que no fallaba nunca. Su explicación fue la siguiente:

"Yo llamo a mi hijo cuando tiene que venir a comer, pero como es natural, no viene. Lo llamo una segunda vez con un tono de voz más fuerte, y una tercera; pero el niño sigue sin venir. Entonces, pongo en marcha el sistema que no falla: Pepito a la una, Pepito a las dos... En aquel momento ya escucho cómo Pepito viene corriendo a sentarse a la mesa".

Este sistema tiene algunas carencias educativas importantes aunque en aquel momento le funcionara a la madre, pero la pregunta que salta inmediatamente al aire es la siguiente: ¿Por qué no entrenar al hijo para que venga a la primera petición, en vez de a la quinta?

Tipos de aprendizaje

Hay diferentes tipos de aprendizaje que interactúan independiente o conjuntamente en la formación del niño. Entre ellos, los más básicos e importantes son los siguientes:

- **Aprendizaje didáctico:** cuando el aprendizaje es explícito respecto a una cosa que el niño debe aprender y lo realiza el educador con los recursos de que dispone.
- **Aprendizaje vicario:** el niño aprende por las conclusiones que saca por sí mismo al ver la experiencia de otra persona.
- **Aprendizaje autodidáctico:** al interactuar con el ambiente, el niño se enfrenta a unas consecuencias que le generan la noción de éxito o fracaso, o en su caso, emociones positivas o negativas. Todo ello, junto con su capacidad de razonamiento, va construyendo en el niño su propia experiencia y ésta le da un conocimiento particular sobre el mundo que le rodea.

Diferentes niveles de aprendizaje

Cuando hablamos de aprendizaje hemos de distinguir entre diferentes niveles que están relacionados con la asimilación que el niño haya realizado de los conocimientos o habilidades que se le enseñen.

- **Nivel de pre-aprendizaje:** El niño conoce lo que hay que hacer y lo ha comprendido, pero su realización dependerá de la dirección del adulto, o de algún factor motivacional. Su nivel de competencia es muy bajo.

Un ejemplo: el niño aprende a leer juntando letra por letra, su comprensión está asistida por el adulto.

· **Nivel de aprendizaje:** El niño, además de conocer y comprender, ha realizado una práctica suficiente para poder hacerlo por sí mismo, siempre que es consciente de la necesidad u oportunidad de su ejecución. Ha llegado a un nivel de competencia consciente.

Un ejemplo: el niño es capaz de leer pronunciando las sílabas directamente y después de concluir la palabra comprende el concepto por sí mismo.

· **Nivel de sobre-aprendizaje:** El niño además de conocer y practicar, ha realizado asociaciones a un nivel mental profundo que le permiten hacer la tarea sin dirección del adulto ni el requisito de su conciencia. El nivel de asimilación ha sido completo; ha llegado a un nivel de competencia inconsciente.

Un ejemplo: el niño lee directamente palabras y grupos de palabras, y es consciente del concepto o de la idea incluso antes de terminar la frase.

Proceso de instrucción y aprendizaje

Tomando el aprendizaje didáctico como proceso de instrucción normal, es conveniente puntualizar las diferentes fases necesarias para que la nueva información llegue a formar parte del repertorio de conductas normales del niño. Los padres o educadores no son siempre conscientes de cubrir las diferentes etapas por las que va pasando el aprendizaje; el hecho de detallarlo puede ayudar a mejorar los procesos de enseñanza, así como facilitar el análisis de aquellos aprendizajes que sean más costosos de lo normal.

ETAPA DE COMPRENSIÓN Y PRE-APRENDIZAJE.

Para asegurar en el niño una buena comprensión de la enseñanza o petición que se le está comunicando, habrá que tener presentes los siguientes pasos:

Explicitar: es necesario en todo caso que el niño tenga bien claro lo que se espera de él. A veces los mayores dan por sentado que el pequeño habrá entendido el mensaje que se le está transmitiendo, porque para el adulto está muy claro. Pero es posible que la realidad sea muy diferente: el niño no lo ha entendido o lo ha entendido mal. Explicitar es expresar clara y determinadamente una cosa: (La mamá a su hijo) "Quiero que hagas tu cama antes de desayunar".

Explicar: dependiendo de la edad y capacidad del niño será racional y conveniente dar explicaciones de las cosas que hay que hacer. En el caso de que las explicaciones sobrepasen su entendimiento serán contraproducentes, provocando la confusión o la inhibición del niño. Explicar es dar a conocer a otro un concepto por medio de palabras adecuadas para que se haga más perceptible: "Debes extender las sábanas, colocar bien la almohada y luego poner el cobertor".

Representar: no siempre las explicaciones por sí mismas son suficientes; en estos casos, un recurso muy efectivo para hacerse entender suele ser la representación. Representar es convertir la idea en algún tipo de imagen real o virtual: "Igual que te vistes tú, has de dejar tu cama vestida".

Demostrar en la práctica: otro de los medios muchas veces necesario para que el niño pueda llegar a captar todo lo que queremos transmitirle, es la demostración práctica; de esta forma se le hace evidente por medio de una prueba o acción la realidad de lo que se le ha explicado: "Fíjate bien cómo lo hago yo".

ETAPA DEL APRENDIZAJE CONSCIENTE.

Experimentar: hay mucha información que el niño ignora hasta que no experimenta por sí mismo. Cuando alguien le explica algo, él hace una representación mental de ello, pero es su particular idea de aquella cosa. Sólo cuando el niño pasa a experimentar (vivirlo en la práctica) será cuando reciba una información integral: "Ahora hazlo tú".

Todos sus sentidos recibirán su información especializada.

Su interrelación con el objeto o la situación le proporcionará una información que puede ser diferente a la que pudieran tener otras personas en su lugar.

Sobre la base de esta información experiencial progresará en el aprendizaje.

Practicar: una vez el niño conoce cómo debe hacer determinada cosa, es necesario desarrollar la habilidad y la experiencia. Sólo la práctica puede dar la soltura y seguridad de lo aprendido y preparar a la persona para las diferencias y novedades que vayan apareciendo en las siguientes situaciones. "Vamos a deshacer y hacer la cama varias veces".

ETAPA DEL SOBRE – APRENDIZAJE.

El punto óptimo de un aprendizaje es su asimilación: llegar a formar parte del repertorio de conductas automáticas e inconscientes de la persona. Esto significa que la persona podrá realizarlas de forma adecuada sin la contribución de su mente consciente. El sobre - aprendizaje es uno de los medios más eficaces para conseguir este objetivo.

Practicar repetidamente haciendo asociaciones: continuando con el último apartado anterior, si la práctica produce habilidad y experiencia, al hacerlo asociado a otros elementos crea cadenas de sucesos que posteriormente ayudan a que la persona vaya realizando las cosas rutinarias y básicas de forma fluida. Llegando a este punto, ya no se requiere un esfuerzo de la voluntad para realizar la tarea; al ponerse en marcha la actividad, todo irá sucediendo por sí solo. Es similar a crear un programa para ordenador, el ordenador funciona de acuerdo al programa. "Cada mañana, después de terminar el aseo y antes de tomar el desayuno, harás tu cama".

Practicar inteligentemente: cuanto menos espacio consciente ocupa la ejecución de la tarea, más permite la contribución de otras facultades como la reflexión. Hay dos posibilidades: Una es pensar sobre lo que se hace, cómo se hace y por qué se hace, o simplemente permitir la contribución de la creatividad. Esto facilita a las personas el crecer interiormente por sí mismas. Otra, es dejar a la mente inconsciente los trabajos repetitivos, mientras el consciente se encuentra ocupado en otra cosa más interesante. Por ejemplo: el niño decide cambiar el peluche que deposita sobre la cama en relación al día de la semana: cada día de la semana un peluche diferente tiene el privilegio de estar sobre la cama.

Otro ejemplo que puede englobar todo el proceso que se ha venido describiendo, puede ser algo tan próximo a las personas adultas como el aprender a conducir un automóvil. Si el conductor hace un poco de memoria, comprobará cómo fue pasando por las diferentes fases del aprendizaje: desde las dificultades que tenía para combinar pies y manos al principio, hasta llegar a ser un conductor experimentado, y conducir mientras habla, escucha música o piensa en otras cosas sin apenas la contribución de la mente consciente.

La importancia de los hábitos

Cuando un niño realiza una determinada acción de la misma manera durante un buen tiempo, seguramente llega a transformarla en un hábito. Se trata de una conducta que se realiza en forma consciente pero, a medida que transcurre el tiempo, el niño convierte esa acción en un acto inconsciente.

Una forma interesante de considerar el hábito es concebirlo como el arte de servirnos de nosotros mismos (por supuesto, como resultado de los esfuerzos de adiestramiento anteriores). El hábito hace que no tengamos que pensar en cada uno de nuestros actos y en sus detalles. Se puede calificar como una conducta económica. También nos evita conflictos y dudas, el hábito funciona por sí mismo. En su aspecto más elemental, funciona como una máquina, es relativamente estable y está formado por un montaje de reflejos condicionados que se encadenan entre sí. A pesar de todo esto, el hábito es flexible; ya que nuestros actos y situaciones varían sin cesar, la mente se va reorganizando a cada instante para adaptar la conducta a la situación. Aunque puede convertirse en una rutina, es también un criado que nos permite hacer frente a los acontecimientos cotidianos.

Siguiendo con el ejemplo anterior, el niño que ha desarrollado el hábito de hacer su cama después de asearse y antes de desayunar, presenta dos características positivas:

No le cuesta ningún esfuerzo. Lo hace como algo natural, sin planteárselo ni tener que decidirlo. El aseo se encuentra asociado al acto de levantarse, y no tiene que razonar sobre ello. Se ha convertido en *su siguiente conducta lógica.* Del mismo modo, hacer la cama se ha convertido en otro eslabón de la misma cadena, forma parte del mismo paquete de conductas ordenadas que se ponen en marcha al comenzar el día.

Hay emociones positivas asociadas a la actividad. Cuando el hábito está adquirido, no se sentiría bien si saltara un eslabón de la cadena. Hay un sentimiento interior en el niño de estar haciendo lo correcto cuando sigue la sucesión establecida; este sentimiento le produce seguridad, serenidad y satisfacción personal.

Después de lo dicho, la importancia estriba en la formación de hábitos positivos para la persona. Éstos serán la base que soportará todo lo que vaya desarrollando a lo largo de su vida. De la misma forma, las personas que establecen hábitos negativos se encuentran condicionadas por ellos, llegando a malograr grandes posibilidades.

Todas aquellas cosas de valor para los hijos que los padres puedan transformar en hábitos, ya no tendrán que preocuparse más por ellas. No será necesario seguir discutiendo, ni insistiendo, ni sufriendo juntos. El hábito actuará por sí mismo.

Factores facilitadores del aprendizaje

Junto con cualquier aprendizaje se encuentran una serie de factores que facilitan o dificultan las asociaciones necesarias que la mente debe ir haciendo para coordinar los diferentes momentos y acciones de una tarea. A continuación se describen algunos muy importantes:

COHERENCIA EN LAS CONSECUENCIAS.
Como se ha expuesto anteriormente, los niños deben aprender que toda conducta que ellos realicen (tanto la acción, como la no-acción son conductas) tiene algún tipo de consecuencia: positiva o negativa. Es muy difícil que se pueda realizar un aprendizaje si no hay coherencia

entre la acción y su efecto. Si alguien (padres, abuelos) modifican las consecuencias de las conductas que realiza el hijo, le será mucho más difícil aprender.

Siguiendo el ejemplo del niño que debía aprender a hacer su cama, y debía hacerla entre el aseo y el desayuno, se podrían establecer unas consecuencias adecuadas para asegurar el aprendizaje:

· En el caso de que el niño realice bien su tarea en el momento establecido, lo propio es que la madre se lo reconozca. Puede expresarle que es un niño responsable y cuidadoso de sus cosas.

· En el caso de que el niño se olvide de hacer la cama, la madre debe impedirle que desayune hasta que no haya terminado con su tarea previa.

· Si al día siguiente vuelve a repetirse el olvido, puede ser signo de que hay que practicar varias veces la asociación entre aseo y hacer la cama. Entonces, se debe escoger un espacio de tiempo (por la tarde) del mismo día para practicar la asociación: el niño debe ir al baño, simular el aseo, salir del baño, ir a su habitación a hacer la cama (que la madre habrá deshecho), e ir a la cocina y simular el desayuno. Hay que repetirlo varias veces. Cada día que al niño se le olvide, luego habrá que repetirlo por la tarde hasta que la asociación quede establecida.

Muy importante: Estas operaciones deben hacerse sin gritos ni malas caras, siempre con una sonrisa, como jugando; el niño debe entender que la madre o el padre lo hacen con él porque le aman.

· Puede darse el caso de que el niño no haga la cama por la mañana porque se encuentra en una lucha de poder con los padres. En este caso hay que establecer claramente una consecuencia que sea educativa; por ejemplo: tendrá que hacer por la tarde la cama un número determinado de veces (3), si el siguiente día persiste, serán 4; y así irá aumentando progresivamente hasta que entienda que lo mejor para él y para su familia es cumplir la norma.

Una consecuencia de este tipo es educativa por varias razones: está directamente relacionada con la norma que tiene que cumplir, le está desarrollando una gran habilidad en hacer una tarea básica, está aprendiendo la importancia de cuidar de sus cosas, le da a entender que la decisión de seguir repitiendo la tarea o tener la tarde libre para otras cosas más interesantes está en su mano, le deja claro dónde se encuentra el principio de autoridad, asume que en casa mamá no es su criada, etc.

ACCIÓN SISTEMÁTICA.

Además de la coherencia en las consecuencias, éstas no deben ocurrir de forma accidental: unas veces sí y otras no. Hay que crear una asociación consistente para que acabe teniendo su efecto y no se malogre o genere el efecto contrario. La naturaleza es sistemática en sus leyes, y gracias a este hecho, los seres humanos pueden adaptarse a ella. Por ejemplo, la ley de la gravedad funciona de forma sistemática: la Tierra atrae invariablemente a todos los objetos que están sobre ella. No importa la forma que tengan, pero según su densidad serán atraídos con mayor o menor fuerza. Y este fenómeno se cumple invariablemente.

Muy importante: aunque todo el proceso de aprendizaje se haya realizado bien, si no se cumple este requisito, el aprendizaje puede no quedar establecido. En los experimentos realizados con animales, éstos aprendían determinadas conductas siempre que el aprendizaje fuera coherente y sistemático. Pero cuando se infringían estos dos principios, el animal entraba en un estado de ansiedad y confusión, y hasta podía desarrollar rasgos neuróticos. Estos mismos efectos han podido comprobarse en las personas.

Siguiendo con el ejemplo, el niño puede hacer la cama correctamente durante cierto tiempo. Pero algún día, por cualquier circunstancia, la cama ha quedado sin hacer. Es muy importante atender a la causa de la omisión:

Se ha producido una emergencia. La madre o el padre recordará al niño por la noche (con una sonrisa) que al día siguiente todo vuelve a ser normal.

El niño dice que se le ha olvidado. En realidad, consciente o inconscientemente, el niño está probando a los padres y éstos no pueden fallarle.

La consecuencia establecida debe cumplirse aunque lo haya hecho veintinueve veces bien y una mal durante el mes en curso.

FIRMEZA.

Ante una situación de resistencia por parte del niño, hay que hacerle entender que *no hay otra alternativa.* Hay que enfrentarse a la situación *como si el mundo se parara en este momento;* el niño debe darse cuenta de que todo lo demás está condicionado a cómo solucione él la situación. El niño generará estrategias para evadir la situación sin hacer lo que debe, pero los padres han de mostrarle que son inútiles.

Continuando con el mismo ejemplo, puede darse el caso de que el niño debe hacer tres veces la cama por la tarde al llegar de la escuela. Si el niño no quiere hacerlo, pondrá en marcha diferentes recursos:

Las necesidades: "Ahora tengo hambre", "debo hacer los trabajos de la escuela".

La postergación: "Ya lo haré más tarde".

La negación: "No quiero hacerlo", "sólo la haré una vez".

La complicidad: "Ayúdame y lo hacemos más deprisa".

El victimismo: "Conmigo sois muy rígidos y a mi hermano se lo dejáis pasar todo"

La lástima: "Hoy he tenido un mal día en la escuela", "me duele la cabeza".

La negociación. "Hago tres veces la cama si luego me dejas jugar con la videoconsola".

El chantaje. "Si tengo que hacer tres veces la cama, no ayudaré más a mi hermana con sus deberes".

Y otras... (los niños son muy creativos para estas cosas).

Lo único verdaderamente importante es realizar su tarea. Por supuesto que no importa el tiempo que pase, ni lo que cueste.

Si realmente tiene alguna necesidad, cuanto antes haga la tarea, antes podrá satisfacerla. La postergación y la negación, sencillamente no se admiten. Ceder a la complicidad sería equivalente a menospreciar la dignidad de la madre ("mi madre es tonta, luego termina haciéndolo ella"). Dejará de sentirse víctima si hace lo que debe, cuando debe. Las responsabilidades nunca pueden estar supeditadas a los estados de ánimo (para rematar el *mal día*, lo propio es hacer tres veces la cama). En cuanto a la negociación, sería el colmo que después de no cumplir con su responsabilidad, aún sacara un beneficio. Y el chantaje, evidentemente, tampoco ha de producir su efecto disuasorio.

Una madre estaba desesperada con sus dos hijas de ocho y diez años de edad. El problema se centraba en la forma que actuaban con los juguetes. Habitualmente, llegaban de la escuela e iban directas a la habitación donde se guardaban los juguetes. Éstos se encontraban todos juntos en una gran caja de cartón, la arrastraban hasta el salón, la volcaban, y todos los juguetes quedaban desparramados por el suelo. Entonces jugaban durante un tiempo hasta que conectaban el televisor para ver un programa de su agrado. Los juguetes quedaban allí sin recoger; cuando era la hora, la madre las llamaba para comer y seguidamente volvían a la escuela. La madre recogía y guardaba los juguetes una o dos veces por día, incluidos los fines de semana. La madre había probado de todo con sus hijas para que recogieran los juguetes: buenas maneras, gritos, azotes, castigos, premios, etc., pero nada había funcionado hasta entonces.

Establecimos un plan para terminar definitivamente con la situación. El sábado siguiente por la mañana, la madre llamó a las niñas y les invitó a jugar con ella. Esta vez la madre fue a la habitación donde se guardaban los juguetes y empujó la caja hasta el salón. Las niñas estaban encantadas, la madre les dijo que iban a jugar al "mundo al revés". Este juego consistía en que las niñas iban a hacer de madre, y ella haría de hija. Les pareció estupendo.

La madre volcó la caja y los juguetes rodaron por el suelo de todo el salón.

"Yo ya he hecho de hija, ahora vosotras tenéis que hacer de madre". Las niñas se miraron y protestaron pensando que su madre se había vuelto loca. La madre les dijo que no podrían hacer otra cosa hasta que no supieran hacer bien de "madres".

Las niñas probaron diferentes estrategias: primero se pusieron a jugar sin tomarla en serio, luego quisieron conectar el televisor, siguieron enfadándose mucho, más tarde se quejaron de que tenían hambre... En ningún caso la madre les concedió nada de lo que pedían ni les dejó salir del salón. Al cabo de tres horas decidieron colocar todos los juguetes dentro de la caja. La madre las felicitó, pero les dijo que habían tardado demasiado.

"Vamos a practicar otra vez para conseguir hacerlo más rápido". La madre volvió a volcar la caja. Las niñas se desesperaron y se negaron a volver a recogerlos. La madre les aclaró que seguirían allí hasta que aprendieran a guardar los juguetes en unos minutos. Viendo las niñas que su madre no hablaba en broma, y que sus quejas no servían para nada, recogieron los juguetes.

La madre volvió a felicitarlas, pero les dijo que habían hecho mucho ruido con sus quejas y debían volver a practicar. La tercera vez, las niñas lo hicieron mucho más rápido y cambiaron su actitud de enfrentamiento por la de reconocimiento.

"Mamá, no tendrás que recoger tú más los juguetes, lo haremos siempre nosotras".

Al día siguiente, la madre volvió a llamar a sus hijas mientras sacaba la caja al salón. La niñas vinieron corriendo y le pidieron por favor que no volcara la caja. Le aseguraron que nunca más tendrían que volver a hablar del tema.

A partir de entonces, las niñas no volvieron a sacar más la caja al salón, simplemente iban a la habitación, cogían los juguetes que necesitaban y luego los volvían a guardar en la caja cuando terminaban.

La resistencia de los niños acostumbra a ser una lucha de poder que evidentemente deben ganar los padres. Vuelvo a repetir que no es necesario gritar, ni desesperarse, ni actuar con violencia. Sólo firmeza y paciencia.

ADQUISICIÓN PROGRESIVA.

El aprendizaje debe adaptarse a las condiciones naturales del ser humano. Cualquier tipo de desarrollo siempre es progresivo. Desde lo físico a lo anímico todo cumple este principio. Tanto el conocimiento como la habilidad necesitan sostenerse sobre una base. Cuando los nuevos conocimientos y habilidades sean asimilados, vendrán a ampliar dicha base quedando la persona preparada para progresar a nuevos niveles.

La cama del niño, al principio, no estará tan bien hecha como la de la madre. Pero la madre debe aceptar la cama hecha con sus deficiencias sin arreglarla para que quede más bonita. Es similar al cuaderno que el niño trae de la escuela con frases y dibujos, a la madre no se le ocurre retocarlos. Todo lo contrario, se siente muy orgullosa de lo que ha hecho su hijo. Poco a poco le irá enseñando cómo mejorarla, para que aprenda por sí mismo.

Exigir conductas y respuestas del niño inadecuadas para su edad, madurez, preparación o capacidad, no sólo es injusto, sino muy contraproducente. Es fácil que el niño se frustre y tome un concepto de sí mismo negativo, que luego lo condicione en otras situaciones futuras. Por otra parte, si los padres hacen lo que el niño debe hacer por sí mismo, le están impidiendo que aprenda y se desarrolle.

ADAPTARSE A SUS CARACTERÍSTICAS PERSONALES.

Un factor que no puede pasarse por alto, y que en buena medida determinará la facilidad o resistencia que el niño tenga ante un aprendizaje concreto, está relacionado con sus particulares características genéticas y anímicas. Anteriormente se han expuesto las diferencias de los distintos tipos de caracteres, lo cual indica que el niño tiene una tendencia natural a comportarse de una determinada manera. Pero como está en proceso de educación, los padres han de entrenarle más y mejor, como norma general, en todas aquellas facultades que es deficitario. El objetivo es que el niño consiga una base personal con la que pueda desarrollar su propio potencial y defenderse bien en su vida futura.

Es propio que le cueste mucho más adquirir el hábito de hacer su cama a un apático que a un colérico; requerirá más dedicación por parte de los padres. Pero también es cierto que al conseguirlo será un beneficio proporcionalmente más grande para el apático que para el colérico. Se habrá generado más desarrollo interior en el primero que en el segundo.

Nunca los padres pueden caer en la trampa de ceder en cosas tan básicas, sería un gran perjuicio para el hijo y también para ellos mismos.

Los incentivos

Un incentivo es algo que mueve a realizar una acción y que mantiene el entusiasmo durante su desarrollo. Podríamos decir que es como la gasolina que aporta la energía necesaria para que no se pare el motor de la motivación.

Los padres suelen usar los incentivos como recurso para que los hijos hagan lo que por deber tendrían que hacer.

"Si haces la cama cada día, te daré una paga"

Uno de los incentivos muy usado es entregar dinero a cambio de tareas. Si acostumbramos a un niño a hacer las cosas por dinero, no nos extrañe que de mayor sea un materialista, y en el caso de que el incentivo disminuya o desaparezca, es posible que todo lo que pensábamos haber construido en el hijo pueda hundirse.

Conviene tener presente que el verdadero motor de todo proceder es la *motivación espontánea*. Este tipo de motivación no viene generada tanto por un estímulo externo, sino por un estado interno. Cuando una persona se siente bien con otra, tiene buena disposición hacia ella, y cualquier circunstancia es buena para desencadenar motivación positiva.

Hay un tipo de incentivos que están directamente relacionados con las necesidades esenciales de la persona: amor, valoración, realización personal, seguridad, dignidad y placer. Conceder incentivos que den satisfacción a estas necesidades de forma equilibrada, producirá en los hijos sentimientos y conductas correspondientes a lo que han recibido, devolviéndoles a sus padres lo mejor de sí mismos.

El niño es esencialmente sugestionable. Si se le dice sin cesar que es torpe, egoísta, embustero, etc., se le hunde , se le hace decaer de tal manera que no podrá salir de allí. De igual forma se le desanima con la indiferencia: "Después de todo, no has hecho más que tu deber". "Puesto que nada te digo, es que está bien". El niño necesita algo más; cuando se le da aprecio y afecto, se le anima a mejorar, y responde positivamente.

La confianza facilita la acción; la desconfianza suscita el deseo de hacer mal. No hay que temer demostrar a los niños nuestra confianza en sus posibilidades. A veces será éste el mejor medio para que aparezcan algunas cualidades, todavía por desarrollar.

Es necesario conseguir que la aprobación de los padres tenga para el hijo más importancia que cualquier capricho. Se debe estimular al niño más por el esfuerzo que ha empleado que por el resultado obtenido. Lo mejor es demostrarle los progresos que ha hecho sobre sí mismo, dándole a entender (sin exigencia) que puede hacer más y mejor todavía.

Uno de los medios de estimular al niño es trabajar con él en la realización de algún proyecto, animándole y dándole oportunidad de que tome protagonismo.

Aprender a equivocarse

Educar a un niño en el perfeccionismo sería un grave error. Los niños educados para arcángeles suelen sufrir caídas que les dejan hundidos por largo tiempo. En general, los perfeccionistas se obsesionan con el trabajo bien hecho, se entregan con pasión a hacer bien las cosas, y la mayoría de las veces así sucede. Pero es también gente un poco neurótica. Viven tensos. Se vuelven muy exigentes con quienes no son como ellos. Y sufren exageradamente cuando la realidad les demuestra que mucho de lo que han hecho, a pesar de todo su interés, no es perfecto.

Por ello es tan importante que los padres enseñen a los niños a equivocarse. El error, el fallo, es parte inevitable de la condición humana. Haga lo que haga el ser humano siempre tendrá que admitir un coeficiente de error en sus obras. No se puede ser sublime a todas horas.

Todo niño debería crecer con la convicción de que no es una tragedia ni una catástrofe cometer un error. Los errores forman parte de la vida, para que haya aciertos es necesario que existan los errores.

"Todos nos equivocamos, es positivo para nosotros porque aprendemos a hacer las cosas mejor la próxima vez".

Hay que ayudarle a quitar importancia a los fracasos. El niño tiene que aprender que entre la valoración "todo o nada" y "bueno o malo" existen diferentes alternativas intermedias. Al aprender a ser más realista en su razonamiento, neutralizará su tendencia a irse a los extremos y caer en la frustración y angustia que desaniman y bloquean.

"No es necesario tirarlo, sólo hay que recomponer la parte superior y quedará perfecto".

Es de fundamental importancia que el niño sepa descubrir de cada situación de fracaso, todos los aspectos positivos que incluye o se pueden derivar. ¡Siempre los hay!

"Al repetir este trabajo, conseguirás mayor calidad y te subirá mucho la nota".

Seguidamente, el niño necesita concebir la situación como una oportunidad para aprender, ser creativo y crecer como persona. Si así lo entiende y asume, le habremos proporcionado uno de los instrumentos más útiles para su vida.

"Vamos a pensar otras formas de hacerlo mejor y más rápido".

Cuando con serenidad el niño razona sobre el por qué han ocurrido las cosas y busca una nueva forma de hacerlas o de restaurar la posición original, sentirá una gran satisfacción interior y la confianza en sí mismo se desarrollará notablemente.

"¿Cómo actuarás la próxima vez para que no se manche el dibujo?"

Hay situaciones que no estarán bajo su control, ni en el de los padres. Pero con la ayuda y ejemplo de los padres, el niño debe también aprender a aceptar la situación, mirando hacia *arriba y adelante*, para valorar e ilusionarse con nuevas posibilidades.

"Ha sido una buena experiencia vivir tres años en aquella ciudad, ahora conocerás nuevos amigos...".

Es mucho más interesante de una persona saber cómo se repone de los fallos, que el número de fallos que ha cometido. Ya que el arte más difícil no es el de no caerse nunca, sino el de saber levantarse y seguir el camino emprendido.

8: Cómo corregir con amor

Parte 3.

> "Educad a los niños y no será necesario castigar a los hombres".
>
> **Pitágoras**

En principio puede parecer que corregir es factible para cualquier padre o madre: sólo hay que observar los defectos del niño y decirle cómo debe hacer las cosas. La cuestión es que la corrección no consiste en esto.

Corregir es enmendar lo errado, quitar los defectos que puedan tener las conductas, producir cambios en las personas para que sus conductas sean más correctas o adecuadas.

Para que una persona cambie por sí misma de conducta, se necesita que piense y sienta de forma diferente. La persona puede hacer cambios en sus conductas por diversas razones: nuevas concepciones o sentimientos, intereses personales, temor, presiones externas u otras influencias de cualquier tipo. Aunque la conducta aparentemente pueda ser la misma, realizada por una u otra razón, el resultado final será muy diferente si la persona, o el niño en este caso, la hace por obligación o por iniciativa propia.

Cuando un niño es obligado a cambiar su conducta, no se puede asegurar que se ha efectuado la corrección aún. Aparentemente, puede parecer que sí, pero a nivel interno posiblemente no. No hay que olvidar, que donde se generan las conductas es en el interior.

La conducta hecha por presiones, amenazas o malos tratos, en principio no tiene mucho futuro; más pronto o más tarde volverá a su estado original o a otra conducta más deteriorada. Es cierto que en muchas ocasiones hay que frenar o impedir una conducta por el peligro o perjuicio inmediato que puede entrañar. Pero esto es un *control*, no una *corrección*.

Una familia viajaba en su automóvil cuando el niño de tres años se puso de pie en el asiento trasero dificultando la visibilidad del padre que conducía. El padre le pidió que hiciera el favor de sentarse, el niño no le hizo ningún caso y siguió en la misma posición que estaba. El padre se volvió a dirigir al niño esta vez con un tono más duro dándole la orden de sentarse. El niño lo miró por un momento y continuó como hasta entonces. En la próxima intervención, el padre profirió una grosería y gritando le dijo que, o se sentaba inmediatamente, o pararía el coche y le daría azotes suficientes para que se acordara el resto de su vida. Esta vez, el niño se sentó en el asiento, y padre e hijo cruzaron su mirada a través del espejo retrovisor. El niño dijo en voz baja: "Por fuera estoy sentado, pero por dentro estoy de pie".

Corregir con amor

Corregir con amor tiene un objetivo educativo, centrado en el hijo más que en el padre o educador. No se conforma y satisface con el control de la situación o con la represión de la conducta; va más allá, y no considera su trabajo terminado hasta que ha llegado al corazón del niño.

El elemento más importante es el niño, no la conducta, tampoco la molestia que pueda producir a los adultos. Es por el bien del niño que se le corrige. El niño y su conducta son dos cosas diferentes. Si se actúa contra el niño por una mala conducta, se le puede herir y si se le hiere, será más susceptible de generar malas conductas (aunque sean de otro tipo). La fuente de la conducta está dentro de él, en sus pensamientos, sentimientos e impulsos. El educador no puede llegar ahí dentro directamente; lo ha de hacer desde fuera, usando medios adecuados para que el niño sea capaz por sí mismo de concebir las cosas de otra forma, madurar sus sentimientos y desarrollar la motivación suficiente para controlar sus impulsos.

La corrección comienza por los padres

Me decía una niña de quince años muy dolida con su padre: "Mi padre me agobia diciéndome que tiene que arreglarme. Pero debería empezar por arreglarse él, que a mi madre la hace mucho sufrir".

Una fábula antigua dice que todos llevamos nuestras faltas en un saco colgado en la espalda. Por eso solemos ver con tanta facilidad las faltas de los demás y con tanta dificultad las nuestras.

La mayoría de veces que vienen a mi consulta padres trayéndome a un hijo con el que tienen problemas, no es necesario trabajar con el hijo para solucionar la situación. Haciendo cambios en las conductas de los padres, suelen solucionarse de forma automática los problemas que presentan los hijos.

En principio podemos establecer (con excepciones) que los padres son corresponsables de los problemas que presentan sus hijos. El asumir este principio da un nuevo enfoque a la corrección:

Los padres analizarán la situación más objetivamente. Siempre que se da por supuesto que la culpa o responsabilidad de un hecho recae sobre su autor, existe una visión parcial y no completa de la situación. Cuando un niño miente, y por el hecho de mentir juzgamos que ha incurrido en una falta grave, estamos descuidando la mitad de la cuestión.

Los padres corregirán su parte de responsabilidad en el asunto. La familia es un sistema, y este sistema está constituido por una serie de elementos interrelacionados entre sí. La acción de cada elemento depende en parte de la influencia que sobre él ejercen los demás. Cuando un niño miente, generalmente lo hace por temor a la reacción que tendrán sus padres si conocen la verdad. Si el niño tuviera la suficiente confianza con ellos como para explicar lo ocurrido, no tendría necesidad de mentir.

Los padres ejercerán una corrección ponderada. Es cierto que una acción incorrecta no puede justificarse, ni pasarse por alto sin tratarla; pero cuando los padres han valorado la situación teniendo en cuenta los distintos condicionantes, serán más equilibrados en el momento de corregir y trabajar con la causa más que con el efecto.

La corrección positiva

Para que unos padres tengan el derecho moral de corregir, entre otras cosas, *deben ser personas capaces de reconocer lo bueno de sus hijos, y de decírselo.* El padre que no encuentre nada positivo en su hijo, tiene que replantear su vida desde su base: algo en él no va bien, tiene una ceguera que le inhabilita para corregir.

Hay que corregir con amor, y para eso, la corrección tiene que ser serena y ponderada; sin precipitaciones ni apasionamiento, cuidadosa, con el mismo esmero con que se cura una herida, sin ironías ni sarcasmos, con esperanza de verdadera mejoría.

Hay que saber elegir el momento para corregir o aconsejar, siempre ha de ser cuanto antes. Deben darse unas condiciones mínimas de intimidad y tranquilidad, para que no hayan interferencias, ni las emociones jueguen en contra.

La corrección ha de ser directa y en privado. No vale la murmuración, la queja al aire o la denuncia anónima. Esta forma de hacer en nada es efectiva, más bien crea emociones negativas del hijo o de la hija hacia el padre o la madre.

Es necesario conseguir un clima de confianza. Los padres suelen ser rígidos y distantes porque se sienten mal o están inseguros. Si el hijo percibe este estado en los padres, él también lo acusará, y estará más pendiente de defenderse que de razonar.

Con mucha prudencia antes de juzgar las intenciones, sin hablar de lo que no se está seguro. Cuando un padre corrige sobre la base de rumores, suposiciones o sospechas corre el peligro de ser injusto.

La corrección deber ser específica y concreta, centrándose en el tema; sin exageraciones, ni generalizaciones. Conviene hablar de una o dos cosas cada vez, la experiencia demuestra que es mucho más efectivo. Cuando se quiere abarcar mucho de una vez, es muy difícil que el hijo pueda responder a todo aunque tenga buena disposición.

Corregir con empatía, poniéndose en su lugar, en sus circunstancias. Tratando al hijo como a los padres les gustaría ser tratados.

El hijo ha de saber suficientemente la razón por la que se le corrige. La explicación ha de ser adecuada a su edad y además debe ser razonable. Puede que el hijo se resista a aceptarla, pero si la norma de referencia está clara, más adelante lo hará.

El hijo debe entender siempre que es para su bien. No sólo hay que decírselo, debe ser real. Los sentimientos, la actitud de los padres y el tipo de acciones que se puedan tomar deben demostrárselo. Muchas veces los hijos interpretan la corrección de los padres como una venganza, aunque éstos les digan que es para su bien.

Nunca hay que hacer comparaciones con otros niños. Cuando un padre pone como ejemplo la buena conducta de otro niño está humillando a su hijo. Éste no recibirá la corrección de buen grado. Si hace referencia a un hermano, mucho peor; pues está propiciando el desarrollo de los celos.

Hay que evitar la machaconería. Siempre es contraproducente. Una vez explicitada la corrección, el hijo o la hija debe enfrentarse con las consecuencias de sus acciones si vuelve a repetirlas. Seguramente lo necesitará mucho más para hacer el cambio interior que las advertencias que ya sabe de memoria.

Estrategias prácticas

Los padres que usan una disciplina positiva, respetan, alimentan y apoyan a sus hijos. Los niños se sienten con más libertad de compartir sus ideas y sentimientos, escoger opciones y hacer preguntas. Hay muchas técnicas de disciplina positiva que los padres pueden considerar. Algunas de éstas incluyen:

Emplear frases positivas para ganar su confianza: "¡Mira qué bien has ordenado tus juguetes!"

Animar los intentos de los niños: "Ya que has llevado tu ropa a la habitación, disfruta colocándola en su sitio."

Demostrar y realizar juntos las conductas deseables: "Vamos tú y yo a lavarnos las manos para comer".

Ofrecer diferentes opciones: "Puedes llevar primero la basura o recoger los juguetes".

Ignorar aquellas conductas que deben extinguirse por sí solas: La niña hace caras chistosas mientras come su comida. Los padres no responden.

Adecuar su posición corporal a la del niño: Agacharse o sentarse a su nivel.

Hacer preguntas para que el niño razone: "¿Si hubieras caído al suelo, qué crees que hubiera pasado?"

Usar un lenguaje corporal apropiado: Mover la cabeza, sonreír, fruncir el ceño y mirar directamente a los niños.

Dirigir la conducta: "Aquí está el cepillo para limpiarlo".
Reconducir la conducta: La niña golpea un objeto de cristal abstraída por el sonido. "Puedes hacerlo con esto que es menos peligroso (cambiándole el objeto)."

Poner límites específicos: El hijo continúa jugando después de la primera llamada, el padre va donde él y le hace guardar los juguetes.

Estrategias negativas

Algunos padres usan la disciplina negativa para controlar la conducta de sus hijos. Esto puede resultar en niños enojados y agresivos o que tengan una baja estima de sí mismos. Estas estrategias incluyen elementos como los siguientes:

Expresar órdenes: "¡Vete allá y siéntate!"
Emitir frases desagradables: "¡Deja de fastidiar!"
Lanzar frases de crítica: "¡Todo se te cae!"
Decir frases ofensivas: "¿Cómo puedes ser tan inútil?"
Confrontar con frases amenazadoras: "¡Si no obedeces te arrepentirás!"

Castigos irrazonables: "¡No saldrás de tu cuarto en todo el día!"
No controlar las reacciones explosivas: "¡Fuera, fuera de aquí!" Mientras golpea con la mano sobre la mesa.

¿Se debe utilizar el castigo?

Hay una diferencia notable entre las consecuencias de una conducta y el castigo:

Las consecuencias a una conducta del niño pueden venir por dos razones: la primera porque ha transgredido un principio natural: está jugando encima de la silla y cae al suelo haciéndose daño. La segunda porque transgrede una norma establecida en la familia que tiene su consecuencia específica: lo que no se hace bien (intencionadamente) hay que repetirlo.

El castigo es algo que se decide después de juzgar una acción grave, y tiene el objetivo de hacer reflexionar al hijo sobre las consecuencias de su acción. El niño ha pegado a su hermana y le ha destrozado su muñeca. Es necesario entonces, seguir un proceso: hay que averiguar bien lo que ha pasado, y según el grado de intencionalidad, desproporción en la acción del niño, etc., hay que decidir aplicar al niño una acción educativa: que le haga reflexionar, tomar conciencia de su acción negativa, pedir perdón, restaurar su relación con la hermana y expresar su compromiso de no volver a repetir otra acción similar.

Si el castigo aplicado no produjera en el niño este tipo de conductas expresadas, no ha cumplido su objetivo. Ha sido insuficiente, o mal aplicado.

Dependiendo de la edad del niño, un ejemplo de castigo podría ser el siguiente: determinar el *rincón de reflexión*. Este rincón debe ser un lugar muy aburrido, donde el niño no tiene estímulos que le puedan gratificar. El niño será llevado allí, y permanecerá durante un tiempo establecido hasta que su actitud cambie.

El niño puede reaccionar de diferentes formas:

Inmediatamente dice que se arrepiente y que no lo hará más. El castigo debe ser cumplido en su totalidad; si los padres caen en su juego, el niño no produce su proceso de reflexión y lo tomará como un juego.

Se resiste a confesar su arrepentimiento. En este caso, una vez superado el tiempo impuesto, hay que tener un pequeño diálogo con él. Puede ser que el proceso de reflexión no se haya completado: el niño no ha cambiado de actitud. Entonces debe permanecer ahí para ayudarle en el cambio interior que debe producirse. "Debes seguir aquí hasta que te sientas de otra forma, cuando esto pase, me avisas".

Se niega a ir al rincón de reflexión. Si el niño no aceptara el permanecer en el rincón, los padres deberían limitar toda otra posibilidad, hasta que lo aceptara. Sería un tratamiento doble: la falta cometida y la cuestión de la obediencia.

Vuelve a repetir la mala conducta. El castigo debe volver a ser aplicado; en el diálogo posterior, el niño (con la ayuda del padre) debe dar garantías de que la reflexión ha sido asimilada. Esto significa que en otra situación similar, sabrá actuar de una manera mejor.

Este concepto de castigo, difiere notablemente del que pueda aplicarse como reacción emocional por parte de los padres, o con algún tipo de violencia. Éstos consiguen suprimir la conducta indeseable en ese momento, pero tienen demasiados inconvenientes: puede ocasionar daños físicos o morales al niño, se deterioran las relaciones y puede llegar a reforzar las conductas negativas si el niño busca la atención de los padres.

El castigo sólo es educativo cuando es realmente necesario y se siguen los principios siguientes:

· Se aplica inmediatamente después de la conducta a corregir.
· Se aplica sistemáticamente: siempre que ocurre la falta, independientemente de las circunstancias.
· Se cumple íntegramente.

- El niño conoce las razones por las cuales recibe el castigo.
- La dureza del castigo debe guardar proporción y relación en lo posible con la gravedad y tipo de falta.
- Si el castigo se usa con demasiada frecuencia pierde eficacia. En el caso de que el niño repita la mala conducta varias veces, lo que pone en evidencia es la necesidad de realizar un nuevo aprendizaje para producir un cambio de conductas.

¿Cómo limitar la aparición de conflictos?

En la medida de lo posible, hay que tratar de evitar los conflictos. Siempre es mejor evitar un conflicto que ganarlo. Abusar de la posición de autoridad y actuar con prepotencia, resolverá los conflictos de forma temporal, pero en el futuro serán mucho más fuertes y complicados de solucionar.

Siempre que se pueda, los padres deben retirar la atención de las conductas conflictivas y cambiar el foco de atención del niño en vez de reñirle. Reñir en exceso por una conducta concreta sirve de refuerzo de esa conducta si el niño busca la atención de los padres. Por ejemplo, el niño no come y se le riñe, se cambia el plato por otro, se sienta la madre con él, intenta obligarlo... En realidad, lo que está ocurriendo es que la madre está pendiente de él, y eso es lo que el niño quiere. Si se ignora esta conducta, no facilita que la siga produciendo. No se interprete que se está sugiriendo que el niño se pueda quedar sin comer, sino que esta situación debe ser tratada de otra forma más educativa.

Cuando la conducta sea positiva deberá prestársele mayor atención elogiándolo y mostrando alegría por su actitud. Así se consigue el refuerzo positivo, esto hará que en el futuro repita esa conducta para obtener la misma atención.

Es mejor anticiparse a las situaciones conflictivas y alejar al niño de ellas. Por ejemplo, si le va a pegar a otro niño, hay que separarlo de esta situación y trasladarlo a un lugar más aburrido hasta que tenga una mejor actitud.

El ejemplo de los padres es una guía muy poderosa para que los hijos actúen de forma positiva. Mucho de lo que aprenden los niños es por imitación, el riesgo está en que aprenden con la misma facilidad lo negativo que lo positivo. Los gritos y los diferentes tipos de violencia lo asimilan con rapidez.

Hay que tratar de estimular conductas que vayan evitando posibles conflictos. Si un niño va ganando autonomía en su cuidado personal y en sus responsabilidades, se deja menos oportunidad a situaciones en las que la contribución de otros pueda complicarlas.

Nunca se debe utilizar el miedo para controlar conductas no deseadas. El miedo puede controlar inmediatamente la acción del niño, pero acaba siendo perjudicial para él.

9: La maravillosa comunicación

Parte 3.

> "Nos esmeramos tanto por dar a nuestros hijos lo que no tuvimos, que se nos olvida darles lo que sí tenemos".
>
> **Farmer's Almanac**

La comunicación es mucho más que "decir algo, a alguien"; es una experiencia entre dos o más personas en la que comparten pensamientos y sentimientos. Los niños aprenden a comunicarse observando a los padres. Forman sus ideas y opiniones de sí mismos basadas en lo bien que los padres se comunican con ellos. Cuando los padres se comunican adecuadamente con los hijos, les demuestran respeto y valoración. Entonces, los niños empiezan a sentir que sus padres los escuchan y comprenden, lo cual les aumenta su autoestima, y los predispone mucho mejor a cooperar con lo que se les pide. Por el contrario, si la comunicación entre padres e hijos es negativa, puede hacer que los hijos piensen que no son importantes, y que sus padres no son de confianza ni de gran ayuda para ellos.

Aspectos de la comunicación

Es imposible no comunicar. Siempre estamos comunicando algo, cualquiera que sea nuestra conducta; siempre estamos comunicando para quien nos observa. Supongamos que un padre está viendo la televisión, su hijo se le acerca diciéndole que ha sido el que ha conseguido la mejor nota de su clase. El padre sigue atento al televisor sin contestarle.

El hijo después de esperar un momento, se va con una expresión triste a causa del mensaje que ha recibido.

La comunicación incluye en sí misma el *emisor* y el *receptor* que son los elementos que mutuamente se intercambian los *mensajes.* Lo hacen a través de algún tipo de *lenguaje* (verbal o no verbal). Y desde un *contexto* determinado, que no siempre es el mismo para las dos partes. Tampoco lo suele ser la *perspectiva* que cada parte tiene de la situación. En todo caso, cualquier tipo de comunicación tiene una *intención* subyacente en el mensaje (sea consciente o inconsciente). Necesariamente, todos los mensajes son susceptibles de *interpretación*, la cual genera *pensamientos y sentimientos* que pueden ser positivos o negativos.

El lenguaje puede ser *verbal* cuando empleamos las palabras de forma oral o escrita para expresar lo que deseamos. Y *no verbal* cuando, junto con las palabras, o sin ellas, expresamos algún tipo de mensaje. Los estudios sobre este tema, concluyen que el sesenta por ciento de nuestra comunicación tiende a ser *no verbal*. Esta comunicación se efectúa a través de tres medios: la forma en que nuestra voz expresa el mensaje (tono, timbre, volumen, entonación), la expresión de nuestra cara y nuestros gestos (ceño fruncido, mirada centrada en otra cosa), y la proximidad con la que se realiza la comunicación (cerca, lejos, de espaldas). Imaginemos que un padre se acerca bruscamente a su hijo, con la cara tensa, los puños apretados y gritándole. Es posible que el hijo no entienda lo que dice, pero sí comprenderá la agresividad del padre. El mensaje que ha recibido claramente, es el no verbal.

La comunicación tiene en general tres objetivos:

- **Formar:** cuando el propósito es instruir a una persona para que aumente sus conocimientos y repertorio de conductas.
- **Informar:** si deseamos que la otra persona sea consciente de alguna cosa.
- **Entretener:** cuando la intención es divertir y recrear el ánimo de alguien.

Existen dos tipos diferentes de comunicación dependiendo de la clase de respuesta que se emita: cerrada o abierta.

La respuesta cerrada es aquella que indica que el oyente, en este caso el padre o la madre, no desea seguir desarrollando el tema y tiende a cortar la comunicación. Le niega al niño el derecho a expresar sus sentimientos, demostrando no tener el deseo de aceptarlos ni comprenderlos.

La respuesta abierta es aquella que indica que el oyente ha escuchado con buena disposición lo que el niño le ha dicho; indica que además de escuchar, ha comprendido los sentimientos que están tras las palabras, reconociéndolos y aceptándolos.

La comunicación cerrada

Como se verá a continuación, hay numerosas maneras de expresar comunicaciones cerradas. Son expresiones normales de la vida cotidiana que los padres comparten sin pararse a reflexionar mucho sobre ellas. Poco a poco, van conformando un tipo determinado de comunicación en la familia.

- **Evitaciones:** "No me gusta hablar de este tema".
- **Advertencias y Amenazas:** "¡Si sigues insistiendo, te vas a arrepentir!"
- **Órdenes:** "¡No me importa lo que hagan otros padres, tú tienes que ordenar tu habitación!".
- **Juicios y críticas que culpabilizan:** "Si fueras un buen hijo, estudiarías".
- **Interrogatorios:** "¿Quién te metió esa idea en la cabeza?"
- **Interpretaciones, análisis y diagnósticos:** "Te sientes así porque no estás haciendo bien las cosas en el colegio".
- **Sermones:** "Los niños responsables, en un caso como éste ..."
- **Consejos:** "Lo que más te conviene es entregar el trabajo mañana"
- **Conferencias:** "En mi época, los niños teníamos que hacer el doble de cosas que tú haces".
- **Ridiculizar y avergonzar:** "Tienes la inteligencia de un asno".
- **Permisividad:** "Pobrecito, es tan pequeñito, que todavía no sabe ..."

Una forma para que los padres puedan valorar el efecto de estas comunicaciones, es tratar de imaginarse ellos mismos compartiendo sus sentimientos con una persona significativa para ellos, y recibiendo este tipo de expresiones. La mayor parte concuerda en que tienen un efecto destructivo sobre ellos en sus relaciones. Probablemente tendrán los mismos efectos sobre sus hijos.

Comunicación abierta y efectiva

Al contrario que la comunicación cerrada, la comunicación abierta siempre enriquece a quien la comparte, y surte un efecto positivo sobre la relación.

Hay que empezar la comunicación efectiva desde el principio. Los niños que se sienten amados y aceptados por sus padres son más capaces de compartir sus sentimientos, pensamientos y preocupaciones con ellos.

Mantener el contacto con la mirada. Los padres que hacen esto le demuestran a sus hijos que están interesados.

Eliminar las distracciones. Cuando los niños expresan el deseo de conversar, los padres deben brindarles su atención completa. Si los niños desean comunicarse y los padres no pueden en aquel momento, los padres deberán buscar un tiempo más tarde para poder hablar con ellos.

Escuchar sin interrumpir. Los padres deben tratar de interrumpir lo menos posible cuando sus hijos hablan. Pueden ofrecer apoyo por medio de una sonrisa o una caricia, sin interrumpir.

Hacer saber a los hijos que han sido escuchados. Una vez que los niños han terminado de hablar, los padres pueden mostrarles que han prestado atención repitiendo las ideas que acaban de escuchar, con palabras diferentes. También es una oportunidad de aclarar las cosas si los padres no entendieron algo o interpretan mal lo que sus niños tratan de decir.

Comunicarse al nivel del niño. Verbalmente, los padres deben tratar de usar un lenguaje apropiado a la edad de sus hijos para que les puedan entender. Físicamente, los padres no deben, por ejemplo, encumbrarse sobre sus hijos cuando se comunican con ellos. En cambio, deben tratar de ponerse al nivel del niño ya sea sentados o agachados. Esto facilitará el contacto con la mirada y los niños se sentirán menos intimidados por los padres cuando se miran cara a cara.

Mantener las conversaciones breves. Cuanto más pequeños son los niños, más difícil es que pongan atención a sermones largos. Una buena regla es hablar con ellos durante 30 segundos, luego preguntarles algo o pedir su opinión sobre lo que se ha hablado. El objetivo es que los padres pasen información a sus hijos poco a poco y se aseguren de su atención y comprensión. Los padres deben permitirles a sus hijos que decidan cuando algo es demasiado. Deben buscar señales de que sus hijos han tenido suficiente. Estas incluyen inquietud, falta de contacto visual y distracción.

Hacer preguntas indicadas. Algunas preguntas ayudan a mantener el curso de una conversación, mientras que otras la pueden parar en seco. Los padres deben tratar de hacer preguntas fáciles de contestar en sus conversaciones con sus hijos. Estas preguntas requieren a menudo respuestas detalladas que mantendrán la conversación interesante. Preguntas abiertas que comienzan con las palabras "qué", "cuándo", "quién", o "cómo", son a menudo muy útiles para que los niños se sientan cómodos. Los padres deben evitar las preguntas que sólo requieren respuestas de sí o no. No hay que caer en un interrogatorio, pues en este caso los niños perderían interés.

Expresar las ideas y opiniones con los hijos al comunicarse con ellos. Los padres también deben estar preparados para compartir ideas y sentimientos con sus hijos. Pueden enseñarles muchas cosas, como los valores morales, expresando sus ideas y opiniones.

Planear regularmente encuentros de familia o tiempo para hablar. Esto se puede lograr de varias formas: hay quien establece un encuentro semanal para discutir detalles cotidianos, mientras otras familias lo hacen cada vez que han de tratar algún asunto importante. Las familias pueden utilizar la hora del almuerzo o la cena para enterarse de lo que sucede con los demás. Los padres pueden hacer tiempo para tomar parte en juegos de comunicación. Lo importante es que cada miembro de la familia tenga tiempo para hablar y ser escuchado por los demás.

Admitir cuando no se sabe algo. Cuando los niños hacen preguntas que los padres no pueden contestar, los padres pueden admitir que no saben la respuesta. Pueden también utilizar estas ocasiones como lecciones. Por ejemplo, los padres pueden enseñar a sus hijos a encontrar información en la biblioteca, en las enciclopedias, etc.

Tratar de dar explicaciones completas. Al contestar las preguntas de los niños, los padres deben proveer tanta información como sea necesaria, aunque los temas no sean muy cómodos para ellos. Los padres deben asegurarse de que esta información sea apropiada a la edad de lo niños. También deben alentar a los niños a que hagan preguntas. Esto ayudará a los padres a enterarse del tipo de información que buscan los niños. No dar información suficiente puede tener como consecuencia que los niños se formen criterios que no son necesariamente verdaderos, o la busquen donde no deben.

La comunicación en los conflictos

Todas las familias tendrán conflictos alguna vez. Padres e hijos tienen suficientes diferencias como para que surjan situaciones en que los intereses de una y otra parte sean opuestos. Pero hay varias cosas que los padres pueden hacer para reducir la tensión del conflicto y al mismo tiempo, mantener abiertas las líneas de la comunicación.

Resolver un problema a la vez. No es buena idea discutir varios temas al mismo tiempo. Esto puede ser confuso para padres e hijos. Cuando esto sucede las familias pierden rápido la mira de los temas importantes.

"No te preocupes por lo demás... nos sentiremos muy satisfechos solucionando el problema de la ropa".

Buscar maneras creativas de resolver los problemas. Cuando se trata de resolver conflictos, los padres deben tener en cuenta que existe más de una solución para cada problema. Padres e hijos deben trabajar juntos para encontrar soluciones que sean satisfactorias para ambos. La flexibilidad para resolver problemas es una habilidad muy buena que los niños pueden aprender. Si una solución no funciona, los padres deben tratar de ser suficientemente flexibles para encontrar otra.

"Cada uno expondrá una idea para que la ropa esté siempre a punto... luego escogeremos la mejor..."

Ser respetuosos. Los niños son personas también, y por lo tanto merecen ser tratados con respeto. No hay ninguna situación que justifique gritos, insultos o malos tratos.

"Es comprensible tu queja... Yo también me sentiría mal en tu lugar si mis amigos vistieran moderno..."

Condenar la conducta, no a la persona. Siempre que se diferencie la conducta de la persona, el niño estará mucho más receptivo por no sentirse directamente atacado. Su valor y aceptación como persona no se cuestionan, sino una determinada conducta que debe cambiar.

"Siempre eres un niño cuidadoso... pero hoy has estropeado tu camisa en el parque".

Utilizar mensajes del tipo "YO". En lugar de decir: "Tú nunca recoges la ropa como debes", la madre puede decir: "Yo me siento frustrada cuando tú no recoges tu ropa". Al usar "YO", la madre le expresa a su hijo cómo le hace sentir su conducta, en lugar de acusarlo o humillarlo. Los niños no tienden a rebelarse contra algo que se les dice respecto a la manera de sentir de los padres y se muestran más dispuestos a colaborar.

Estar dispuesto a perdonar. La enseñanza del perdón es fundamental en las relaciones humanas, los hijos aprenden viéndolo hacer a los padres.

- "Lo siento mamá, quítame el dinero de mi hucha".

- "No te preocupes, sólo quiero que seas cuidadoso en el parque".

Cuando el conflicto es entre iguales:

Es necesario obtener información y observar sus sentimientos. Cuando el niño se encuentra enfadado o dolido, le ayudará a tranquilizarlo el poder expresar lo que siente. Las preguntas realizadas en forma calmada y neutra facilitarán su recuperación y clarificarán la situación.

"¿Es normal que ella tuviera tu móvil?"... "¿Piensas que lo dejó caer expresamente?"...

Debe ser consciente de los sentimientos de los demás. Los niños ven las situaciones exclusivamente desde su perspectiva. Ayudarle a ver cómo se siente la otra persona facilita el conseguir soluciones más justas.

"Imagínate que se te ha roto el móvil de una amiga, ¿cómo te sentirías?".

Necesitan tener los propósitos de referencia claros. Un niño genera más fácilmente ideas y soluciones cuando conoce y valora el objetivo. Al plantearle preguntas respecto a la solución de la situación, comprenderá que se trata de encontrar una alternativa que respete los deseos de ambos.

"¿Qué convendría hacer para que no volviera a romperse tu móvil?".

El niño debe desarrollar la capacidad de generar alternativas. El adulto puede actuar como catalizador para que el niño produzca sus ideas.

"Si ahorras un poco cada semana...".

El niño también puede aprender a evaluar las consecuencias. Después de generar todas las ideas posibles, habrá que animarlo a evaluarlas para que progrese en obrar con madurez.

"Dime las ventajas e inconvenientes de cada alternativa".

Se ha de requerir al niño que tome una decisión.

"¿De todas las formas que hemos dicho para conseguir un móvil, cuál te parece más práctica?".

Hay que determinar un plan para pasar a la acción. Una decisión sin su puesta en práctica, sólo es una decisión; no conlleva ningún beneficio.

"¿Cómo le plantearás a tu tío este negocio?... ¿Cuándo lo harás?...

Cada situación podemos convertirla en una preciosa oportunidad de interacción y crecimiento, aunque sean situaciones que calificaríamos como problema. Todo depende de la actitud con que la enfrentemos. En general, todas las situaciones son en principio educativas, ocasiones para comunicarse y salir enriquecidos. Una situación es como un cuchillo al que se le pueden dar diferentes usos: como instrumento para preparar la comida, o como arma para herir con él. En las dos alternativas el objeto es el mismo, pero las consecuencias resultan totalmente diferentes. Un cuchillo no es un problema, sólo es un instrumento. La cuestión está en cómo voy a usarlo.

10: Desarrollo de los valores

Parte 3.

> Vive tu vida como te gustaría que tus hijos vivieran la suya.
>
> **Michael Levine**

No podemos hablar de educación ni pensar en realizar una buena tarea educativa sin detenernos a considerar la cuestión del desarrollo de los valores en el niño.

Los valores están relacionados con la propia existencia de la persona; detrás de cada pensamiento, sentimiento y conducta se encuentra algún tipo de valor: la convicción de que algo es valioso o despreciable, importante o superfluo, bueno o malo. Estas concepciones están directamente relacionadas con las creencias, las actitudes y los juicios sobre nuestro entorno que se han ido formando desde la más tierna infancia.

Los valores se ordenan en nuestra mente en forma de predominio, constituyendo una escala de valores que es particular para cada persona. Esta organización es un factor fundamental de nuestra identidad. Nos comportamos de una determinada manera a causa de los valores que orientan y guían nuestras conductas. Ante una situación determinada, dos personas pueden reaccionar de forma diferente dependiendo de su *escala de valores*.

Conforme el niño va asimilando unos determinados valores, éstos van convirtiéndose en pautas de conducta que van dando sentido a sus decisiones y acciones, dándole la capacidad de asumir sus consecuencias con responsabilidad. Además, potencian el desarrollo de una relación más equilibrada con el ambiente que le rodea, las personas con las que se relaciona y los acontecimientos que le suceden, ayudándole a su propia aceptación personal y a la de su mundo.

Este proceso se encuentra íntimamente ligado con la evolución y maduración de la persona. Comienza en la primera infancia con una serie de normas que son respetadas por la acción que ejerce la autoridad o por sus consecuencias; y va evolucionando de manera que cada vez se rige menos por las reglas externas, y más por los principios asimilados en la conciencia. En cada etapa de maduración entran en juego una serie de valores que van situando a la persona en su mundo, ésta va experimentando e interpretando la realidad a través de estos valores, los cuales son susceptibles de modificación según las circunstancias vayan cambiando pero, a su vez, constituyen su base de referencia.

Desde el momento en que un valor se capta hasta que llega a ser asimilado por la persona, pasa por un proceso interno. En este proceso contribuye la labor que los educadores realizan con el niño, su comprensión, concepción e instrucción del valor; sus aspectos positivos y consecuencias; pero también es fundamental que estén implicados los sentimientos, sin los cuales será muy difícil que pueda producirse una acción espontánea coherente con el valor.

Este proceso de generación y desarrollo de valores se hace posible a través de la relación, y de las experiencias significativas que padres y educadores comparten con los niños, donde el factor coherencia, es decir, la relación existente entre lo que dicen y hacen los educadores, es la base para su correcta adquisición.

Por el mismo hecho de la existencia de los valores, también coexisten con éstos los *contravalores:* todo aquello que se resiste a un desarrollo positivo de la personalidad. Por tanto, toda persona en función de su libertad puede vivir conforme a determinados valores y contravalores. Con demasiada frecuencia la sociedad actual invita a asumir más de lo segundo que de lo primero: el culto al cuerpo (lo externo por lo interno), el consumismo (el tener por el ser); provocando que muchos caigan en el engaño de pensar que la auténtica alegría de vivir llega desde el exterior y no surgiendo del interior.

Educar a través de los valores no significa tanto imponer como mostrar diferentes alternativas, ayudándole a considerar las mejores. Este tipo de educación ha de potenciar la capacidad de análisis crítico como función intelectual, junto con la contribución de los sentimientos para poder alcanzar la integridad de la persona. Requiere un ámbito donde el niño pueda expresarse tal como es, donde se sienta valorado por lo que es y no por lo que hace. Todo ello facilita que pueda hacerlos verdaderamente suyos.

Planteando los valores

Es fundamental que los educadores, padres y madres, no se dejen llevar por la inercia de *educar sobre la marcha*. Esto significaría que no existe ningún plan específico, sino que dependiendo de las conductas que el niño va realizando, se intentará enseñarle determinados principios.

Ésta no es la norma en cuanto al desarrollo de otras áreas del niño: tanto en las cuestiones físicas como intelectuales, los padres van siguiendo las pautas alimenticias que los pediatras les indican, así como ingresan a sus hijos en el plan de formación estatal para que en su día puedan ser personas socialmente competentes.

La realidad es que muchos padres actúan de forma desequilibrada en la formación de valores respecto a las otras áreas de crecimiento y maduración. No sólo reconocen que no habían pensado que necesitaban planificarlo, tampoco saben qué valores esenciales desean que sus hijos asimilen. En ocasiones pregunto a los padres por este tema, y les cuesta definirse: "queremos que nuestros hijos sean normales", "deseamos que sean buenos chicos y buenas chicas", "que puedan ser felices", etc.

¿Qué significa ser *hijos normales*?, o ¿ser *buenos chicos*?, ¿qué ingredientes se necesitan para que una persona pueda ser feliz a lo largo de su vida?

La respuesta a estas preguntas requiere básicamente reflexión más profunda por parte de los padres, y posiblemente algún tipo de formación para poder hacer realidad este deseo en los hijos.

Es necesario que los padres sepan con claridad a dónde quieren llegar con sus hijos; un asunto tan trascendental no se puede dejar a la inercia o al azar; o como muchos piensan: los hijos por sí mismos irán abriéndose camino. Es totalmente cierto que lo harán, pero puede ocurrir que el camino que sigan cause muchos disgustos a la familia.

Por otra parte, los padres deberán conocer los ingredientes necesarios para que puedan realizar sus ilusiones en los hijos. No es suficiente con el afecto y la buena voluntad, hace falta trabajar con los elementos educativos adecuados al propósito.

Y finalmente, hay que tener presente que aún sabiendo el objetivo y los elementos que contribuyen a conseguirlo, si no se aplica una metodología adecuada, no hay mucha garantía de éxito para producir los resultados deseados.

¿Qué valores necesito transmitirle a mi hijo?

Partiendo de toda la gama de valores posibles, podrían crearse diferentes configuraciones, que resultarían en identidades personales distintas. Si embargo, hay acuerdo en que unos determinados valores son más esenciales que otros, ya que facilitan el desarrollo positivo de las capacidades personales y sociales.

A modo de orientación para los padres, enunciaré algunos valores que son fundamentales para el logro de los buenos propósitos con los hijos (el orden en que se mencionan no es significativo): amor, alegría, gratitud, confianza, autoestima, respeto, obediencia, responsabilidad, espíritu de superación, paciencia, sensibilidad, tolerancia, perdón, generosidad, lealtad, sinceridad, humildad, solicitud, creatividad, sentido de la justicia, limpieza y orden, etc.

Creo interesante pasar a exponer una breve definición de cada uno. En la práctica suelo encontrarme con padres que conocen los conceptos pero no saben explicarlos; ello da lugar a que padre y madre puedan tener dos ideas distintas sobre el mismo término. Saber expresar el valor en pocas palabras, compartirlo con el cónyuge y unificar criterios, es paso obligado para luego poder enseñarlo conjuntamente.

Amor: Esencialmente es buscar el bien del otro; es un sentimiento de plenitud que inunda nuestro ser y genera el deseo de estar cerca de la persona amada, expresarle lo que sentimos, cuidar de ella y hacerla feliz.

Alegría: Puede confundirse con la diversión, pero no es lo mismo. La diversión está *relacionada* con lo que ocurre en el exterior, y la alegría fluye a causa de un estado interior. Es una sensación de bienestar relacionada con el sentirnos amados, con la valoración de lo que somos y tenemos, y la ausencia de conflictos internos.

Gratitud: Es tomar conciencia de lo que somos y tenemos sintiéndonos afortunados por ello. Es valorar tanto las grandes como las pequeñas cosas de cada día como si fueran regalos que recibimos de Dios, de la vida y de los demás. Es expresar este reconocimiento a quien corresponda.

Confianza: Es creer que el bien sucederá. El agricultor confía que la semilla brotará, y cuando lo aplicamos a los demás, creemos que harán lo que dicen; si es referente a nosotros mismos, significa que estamos convencidos de nuestra capacidad de responder positivamente ante las diferentes situaciones.

Autoestima: Este valor viene a ser la mezcla de dos elementos relacionados y dependientes: la confianza en uno mismo y el reconocimiento de la propia valía. Esta simbiosis proporciona tanto la eficacia personal a lo largo de la vida, como la conciencia del propio derecho a la vida y a la felicidad, a la expresión y satisfacción de las necesidades y sentimientos personales.

Respeto: Consiste en la actitud de honrar y considerar a las personas por sus derechos concediéndoles la dignidad que merecen. El respeto debe ser aplicado de igual forma a uno mismo, cuidando de la propia dignidad física y moral.

Obediencia: Es muy importante asumir la obediencia por la comprensión de sus objetivos, que básicamente son la guía y la protección. En ocasiones cuesta comprender o aceptar algo que va contra nuestros deseos, pero la confianza en la persona que pone o ejecuta la norma ayuda a la buena disposición.

Responsabilidad: Significa hacer las cosas todo lo bien que se pueda, considerar que la tarea es importante tomando el compromiso de llevarla a cabo. Estar dispuesto a dar cuentas de lo hecho y no hecho con la seguridad interior de haber hecho lo correcto. Esta forma de actuar lleva a los demás a confiar en nosotros.

Espíritu de superación: Significa poner lo mejor de uno mismo en todo aquello que se realiza, sabiendo que en un nuevo intento podremos mejorarlo. No se trata de superar a nadie, sino de dar lo máximo de nosotros mismos en todo lo que hacemos.

Paciencia: Significa tener autodominio cuando las cosas no son como desearíamos, consiste en una espera tranquila y confiada; a su vez, perseverar en lo que estemos ocupados cuanto sea necesario hasta terminarlo.

Sensibilidad: Es la capacidad de tener sentimientos de compasión y ternura por otras personas preocupándonos por sus necesidades.

Tolerancia: Es la aceptación de cosas que desearíamos que fueran diferentes. Ser flexible en los cambios, adaptarnos a las situaciones y no exigir que los demás se comporten como a nosotros nos gustaría.

Perdón: Significa dar otra oportunidad a la persona que nos ha herido, no tenerle en cuenta lo que ha hecho para reclamárselo, vengarse o castigarlo. No quiere decir que debemos estar de acuerdo con lo que ha hecho, ni que automáticamente dejaremos de sentir dolor; pero por nuestra parte volvemos a restaurar la relación.

Generosidad: Es compartir lo que tenemos con libertad y alegría sin pensar en lo que vamos a recibir a cambio, o si la otra persona utilizará nuestro regalo de la forma que a nosotros nos gustaría.

Lealtad: Consiste en ser fieles y defender aquello en lo que creemos y apreciamos: la familia, un amigo o una causa; estando a su lado tanto en los momentos buenos como en los malos.

Sinceridad: Fundamentalmente es veracidad. La persona sincera no finge, ni miente, ni engaña, ni traiciona la confianza que le han depositado los demás.

Humildad: La persona humilde es consciente de que no es más importante que nadie, y por otra parte, considera a los demás como importantes. Entiende que la vida está hecha para aprender, y siempre se puede aprender de cualquier persona; no juzga a los demás ni los menosprecia por lo que hacen.

Solicitud: Es la disposición de ayudar a otras personas cuando éstas no pueden hacerlo por sí mismas; se trata de ser servicial pero no servil, de ser útil en lo necesario pero no prestarse a ser utilizado por el egoísmo de otros.

Creatividad: Consiste en la voluntad de utilizar nuestra imaginación, razonamiento y capacidades para expresar nuevas ideas, nuevas formas de hacer las cosas, mejorar lo que otros han hecho y resolver problemas y situaciones complejos.

Sentido de la justicia: Se trata de ser imparcial, no juzgando por las apariencias o influencias de otros. Justicia significa que cada uno debe recibir lo que merece. Ser justo es defender tanto tus derechos como los de las otras personas.

Limpieza y orden: La limpieza es la ausencia de suciedad tanto en el propio cuerpo y vestido como en el entorno. El orden es mantener las cosas en el lugar que le corresponden después de haberlas utilizado. Una persona limpia y ordenada es aquella que se cuida y asea con frecuencia, que sabe organizarse en todo lo que hace dando siempre la impresión de armonía y control.

¿Cuándo empezar a enseñarlos?

El proceso de adquisición de los valores nunca debe ser una enseñanza forzada. El niño tiene que realizar la asimilación de una forma natural de acuerdo a su desarrollo mental.

Para poder captar un valor es necesario comprenderlo y experimentarlo; esta interiorización está condicionada por la capacidad del niño. Hay valores más concretos y otros más abstractos, ello significa que unos será posible transmitirlos en una edad temprana y para otros habrá que esperar la etapa adecuada.

Veamos a continuación de forma muy esquemática y resumida, las diferentes etapas por las que va pasando el niño en sus primeros años:

· *De dos a cuatro años* el niño actúa por imitación, adquiriendo en primer lugar la confianza en sus padres y en lo que dicen. Deben aprender a esperar la consecución de sus deseos.

· *De los cuatro a los seis años*, el niño va pasando por diferentes niveles de discriminación: reconoce la autoridad de sus padres, va captando el sentido del bien y del mal. Es muy consciente de lo que es la propiedad y aún le cuesta compartir. Por otra parte, aprende las normas y su sentido.

· *De los seis a los diez años* el niño se vuelve más reflexivo, entiende con claridad los conceptos: causa y consecuencia. Asume responsabilidades y encuentra satisfacciones en el compartir.

· *De los once a los catorce años,* aparecen las nociones de los derechos y de los deberes. Desarrolla interés por conceptos abstractos como libertad, justicia, solidaridad, etc. y muestra de forma evidente un carácter social. A causa de ello, comienza a tener posturas críticas.

· *De los catorce a los dieciocho años,* es propio que se muestren críticos con su entorno, se da una etapa de cierta crisis en la que se cuestionan los valores adquiridos. Suelen ser solidarios y leales con sus iguales y en muchos casos hasta altruistas.

Tal como se viene diciendo, el niño no comprenderá el significado de un valor hasta que no tenga el suficiente desarrollo mental para poderlo hacer, pero en cuanto a experimentar sus efectos sobre él, sí puede desde sus primeros días; además, cuando llegue el momento de recibir la explicación, lo entenderá más fácilmente y su disposición para ponerlo en práctica será mucho mayor.

¿Qué condiciones son necesarias?

Hay padres que confiesan que se encuentran frustrados después de intentar que sus hijos se comporten de forma moral y ética: "Se lo he dicho mil veces, pero sigue con su mal comportamiento". "Resulta peor corregirlo, es mejor dejarlo estar hasta que se canse".

Al realizar un análisis del ambiente familiar y del tipo de relaciones que se han establecido entre padres e hijos, es fácil comprobar cómo la conducta de los hijos es la consecuencia de la situación en la que crecen.

Existen unas condiciones básicas que deben darse para no entorpecer y producir el efecto contrario al deseado.

A continuación veremos algunos requisitos que se encuentran directamente relacionados con el éxito en la adquisición de valores:

- *Los padres deben reflexionar juntos sobre aquellos valores que consideran más necesarios para el desarrollo personal de sus hijos.* No se puede eludir la unificación de criterios, sólo el diálogo constructivo y el acuerdo darán preeminencia y solidez a aquellos valores que los hijos captarán como esenciales y no como opcionales.

- *Hay que tomar profunda conciencia de que los padres son los modelos de los hijos.* Nadie puede dar lo que no tiene, al final se acaba enseñando lo que se es, o proyectando sobre los hijos las propias carencias: exigiéndoles lo que nosotros no hemos sido capaces de vivir. Educa más nuestro ejemplo que nuestras palabras. Éstas deberían ser el soporte para explicarles lo que ya viven.

  Muchos padres se quejan de que sus hijos les gritan cuando no están de acuerdo con algo. La conclusión siempre es la misma: los padres llevan unos cuantos años gritándoles y faltándoles al respeto. Los hijos se comportan tal y como se les ha enseñado, en definitiva han aprendido bien la lección. Por lo tanto, para educar en valores es imprescindible que los padres vivan consecuentemente con estos valores.

  Es necesario que los padres efectúen un autoanálisis para descubrir cómo anda su competencia en los valores que desean enseñar a sus hijos. Sin temor deben escucharse mutuamente sobre cómo viven en la práctica estos valores, y a su vez ayudarse a progresar en ellos. El objetivo es la coherencia. Para los hijos los valores son conceptos abstractos, difíciles de entender, pero que se hacen fáciles y asequibles cuando ven el ejemplo y la forma de llevarlos a la práctica en sus padres como algo natural.

- *Crear un ambiente familiar que facilite y potencie estos valores.* No puede ser de otra forma. La consecuencia lógica de lo que se ha considerado anteriormente nos lleva a desarrollar necesariamente un estilo de vida que abarca todo el ámbito familiar: las conversaciones, las decisiones y reacciones, las actividades, el tipo de relaciones que se van estableciendo entre los miembros de la familia, todo debe estar impregnado de la misma fragancia moral. Es la única forma para que los hijos se nutran naturalmente de la vivencia de los valores. La adquisición de valores no se realiza de una vez para siempre, sino que se trata de un proceso que les acompaña en su desarrollo. Este proceso es similar a la adquisición del lenguaje: cuando un niño empieza a hablar no conoce aún las reglas gramaticales, no sabe ni puede explicar el por qué construye las frases de una determinada manera, pero va hablando cada vez mejor. Más adelante le enseñarán la gramática y usará el lenguaje con conocimiento de causa. Pero lo importante es que, cuando le enseñen las reglas gramaticales, no le cause ningún conflicto en sus hábitos de expresión del lenguaje.

· *Que actúen por convencimiento.* Lo que no surge de la elección libre de una persona, nunca formará parte de ella; éste sería el sentido profundo de la educación: conseguir que los hijos actúen correctamente porque desean hacerlo así. El hijo que se porta bien por temor no está bien educado, actúa condicionado por una emoción negativa. El autoritarismo puede producir niños muy sumisos y sin ningún principio moral. La garantía es que se porte bien por convencimiento propio. Hemos de conseguir que le encuentren sentido a las normas y a los valores, esto requerirá dedicar tiempo y esfuerzo a dialogar y trabajar con nuestros hijos sobre sus problemas e inquietudes a fin de formarles criterios que pauten su conducta a favor de la convivencia positiva.

· *Disociar lo material de lo moral.* Evitar la asociación del cumplimiento de normas o principios morales con premios o castigos. La satisfacción por alcanzar unos logros morales debe ir más allá de lo material o del interés concreto del momento. Supone el poderse acercar a un ideal del yo, lo cual es por sí mismo positivo y gratificante. De lo contrario la relación se vuelve egoísta y toman más protagonismo los contravalores que los valores.

¿Cómo hay que transmitirlos?

Ahora entraremos en una parte más práctica, recomendando una serie de acciones que han demostrado ser eficaces por haber sido experimentadas en numerosas ocasiones con el mismo éxito.

Con sentido de la oportunidad. Compartir una buena enseñanza en un momento no adecuado es desperdiciar un tesoro. Si pensamos en el hijo más que en nosotros o en dejarnos llevar por nuestros impulsos, sabremos distinguir los momentos óptimos para la captación de los valores.

Hay que estar atentos a las situaciones en que se generan conflictos o problemas, suelen ser muy apropiadas para trabajar los valores si las sabemos ver como oportunidades más que como sucesos molestos. *Lo que transforma el problema en oportunidad es nuestra actitud ante la situación.* Como norma general, un momento apropiado para la enseñanza es aquél en que se requiere un valor para solucionar positivamente la situación. La práctica de los valores requiere de estos momentos de conflicto para poderlos desarrollar aplicándolos y experimentando sus beneficios. Se trata de aprovechar las cualidades innatas del hijo para conducirlas a través del valor, y no manipular su conducta con presiones para que se comporten a nuestro gusto.

Manteniendo su dignidad a salvo. Cuando se avergüenza, humilla, descalifica, desacredita, o ridiculiza a un hijo su autoestima sufre y genera en él emociones negativas.

La eficacia educativa de estas acciones suele resultar contraproducente. El efecto que ocasiona en la mente del niño, produce una huella de memoria que le condicionará en el futuro. El hecho acostumbra a suceder de alguna de las dos formas siguientes:

Los padres hacen un énfasis exagerado en el error del hijo poniendo en evidencia su poco acierto: "A nadie se le ocurriría olvidarse el bocadillo como tú has hecho".

Los padres se dirigen al hijo con un calificativo ofensivo a causa de su acción: "Sólo sabes hacer el idiota cuando vienen visitas". Tanto una expresión como la otra, producen a los hijos una imagen negativa de sí mismos. Ellos tienden a creer las declaraciones de sus padres como verdades absolutas y se identifican con ellas como si fueran ciertas.

Educar en valores consiste en nombrar el valor adecuado al momento: "Antes de salir de casa debes comprobar que todo está en orden". Y en el segundo caso: "Necesitas ser más respetuoso con las personas que nos visitan".

Esto no significa que no haya que llamar su atención sobre lo que está mal hecho, pero *una cosa es denunciar el acto y la otra ofender al actor.* Es propio que el niño se entere de cuál es la conducta incorrecta: "Has dado una patada a tu hermana, y esto es violencia". A continuación hay que nombrar el valor adecuado: "Las cosas deben arreglarse pacíficamente".

Evitando poner etiquetas. Si es perjudicial ponerle una etiqueta negativa (eres un vago), también puede serlo el ponérsela positiva (eres el mejor estudiante de la escuela). Lo correcto es hacer el reconocimiento cuando es adecuado: "Este trimestre has demostrado ser un estudiante responsable y eficiente". Es la acción la que está relacionada o no con un valor, y es a través de las acciones que el niño va reconociendo los valores cuando los padres así lo hacen.

Discriminar entre un accidente y una mala conducta. Pongamos por ejemplo la rotura de un vaso. El niño puede tener un accidente y caérsele el vaso que lleva en la mano. O por el contrario, el niño se encoleriza y estrella el vaso contra el suelo. Aunque el vaso ha terminado roto en los dos sucesos, en ningún caso son comparables ni se pueden tratar de la misma forma. La madre que reacciona con enfado tanto en una situación como en la otra, no piensa en el niño sino en lo que el vaso significa para ella. El niño que ha tenido un accidente, ya se siente asustado y disgustado sin que nadie le diga nada. La madre le enseñará un valor si se identifica con sus sentimientos y le ayuda a superar el momento de forma objetiva.

"Sé que te sientes triste porque el vaso se ha roto, esto indica que no era tu intención... ¿Qué te parece si tú recoges el agua y yo te ayudo con los cristales?... ¿De qué forma podrías llevar otro vaso de agua sin que se cayera?... "

En cierta ocasión me encontraba de visita en una casa donde vivía un matrimonio joven con una niña que tendría unos seis años; mientras nosotros hablábamos en el salón, ella jugaba cerca de nosotros. Pasado algún tiempo la madre le hizo una petición a la niña:

"Cielo mío, ¿quieres traerme un vaso de agua?". La niña se levantó y se dirigió a la cocina. Al cabo de un momento entraba al salón con un vaso de agua que sostenía con sus dos manos; tan pendiente del vaso iba que su codo derecho tropezó con la puerta y el vaso cayó al suelo rompiéndose y derramándose todo el agua. En aquel momento la madre se descontroló enfureciéndose contra la niña y comenzó a insultarla haciéndola sentir como una inútil. La niña bajó la cabeza y fue a encerrarse en su habitación con los ojos húmedos por las lágrimas.

La niña pasó en unos segundos de la felicidad de sentirse importante, a sumirse en la desgracia de ser humillada públicamente por su madre. Si antes era un cielo, después del accidente debía seguir siéndolo: un cielo con un vaso roto. La herida que le hizo la madre fue mil veces mayor que la rotura del vaso. Por otra parte, el mensaje que le transmitió la madre fue que su valor dependía de lo bien que hiciera las cosas que ella le pedía, y no de lo que era por sí misma.

Práctica de la educación de un valor: el Orden

En la educación práctica de cualquier valor, es necesario que se den varios requisitos:

- Los padres han de tener claro en qué consiste.
- Los padres han de saberlo explicar a los hijos.
- El hijo ha de comprender las razones por las que debe practicar el valor.
- Los padres han de enseñar la forma de practicarlo.
- El hijo necesita tener una serie de puntos de referencia positivos y negativos respecto al valor.
- El niño necesita estímulo y reconocimiento conforme lo va asimilando.

Adquirir el valor del orden no es cosa de poca importancia. Es uno de los valores que están en la base de la excelencia y equilibrio personal, y en la buena armonía de la vida común. Todos necesitamos ser ordenados, cualquiera que sea la profesión que realicemos o simplemente en la vida de familia; por ello, es en la edad en que los hábitos se forman cuando es preciso desarrollar este valor.

Asimilar el orden es también un medio de desarrollar y favorecer otros valores y cualidades en nuestros hijos:

· *El dominio de sí mismos,* sobre la negligencia, el abandono y el descuido.
· *Aliviar la memoria de la carga innecesaria* que supone, estar pendiente del lugar donde se han dejado las cosas.
· *Ahorro de tiempo permitiendo encontrar sin esfuerzo lo que se necesita.*
· *El vivir en medio del orden hace la vida mucho más agradable.*
· *Facilita la calma,* evitando las posibles causas de irritación y enervamiento que potencia el desorden.
· *Da conciencia de respeto al bien común,* pues nada perjudica tanto la buena armonía y mutua ayuda como el ser desordenado en la comunidad familiar.
· También mejora la exactitud en aquellos compromisos que se toman con otras personas.

Para ello será necesario:
· *Despertar el amor al orden en los niños.* Es preciso destacar cada vez que se presente la ocasión lo agradable y práctico que es poder encontrar los objetos con los ojos cerrados (se puede hacer como juego didáctico). Debemos mostrarle las ventajas de tener sus objetos personales bien ordenados en su habitación, armario, carpeta y estuche escolar o su bolso.
· *Determinar momentos de atención especial para el orden.* Para ir formando el hábito del orden, hay que practicarlo en momentos concretos. Por ejemplo, en un momento determinado del día, cada miembro de la familia se coloca la "gorra del orden". Automáti-

camente todos se vuelven muy ordenados y comienzan a ordenar todo lo que encuentran desordenado. Luego cada uno cuenta el número de cosas que ha sido capaz de encontrar fuera de lugar y colocarlas correctamente. Se felicitan mutuamente.

· *Hay que comenzar temprano.* En los primeros años (2 a 4) hay un período particularmente favorable para la adquisición del orden. Si se espera demasiado tiempo para crear en el niño el hábito del orden, se corre el riesgo de no conseguirlo nunca. Es fácil habituar a los niños a colocar sus cosas en el mismo sitio y de la misma manera, con la condición de que los padres respeten la colocación hecha por sus hijos.

· *Asimilar un lema.* Se trata de establecer una norma que guía la forma de actuar de los miembros de la familia. Todos la saben de memoria y la practican. Por ejemplo, el lema podría ser el siguiente: *no se puede usar una cosa sin ordenar la anterior.*

· *Tomar el orden como estilo de vida.* Hay que ponerlos en guardia contra el orden que podríamos llamar hipócrita; por ejemplo, la mesa bien ordenada y los cajones embarullados. El orden debe alcanzar tanto lo que se ve como lo que no se ve.

· *Ampliar la presencia del orden a otras áreas.* Hacia los nueve o diez años debe confirmarse y complementarse el hábito del orden con el de la exactitud. A esta edad debe acostumbrarse al niño a organizar su trabajo y su tiempo, a prever también la sucesión de sus ocupaciones por un par de horas, para una media jornada. Cuando el niño regresa de clase, debería acostumbrarse a establecer su previsión: trabajos escolares, libros que leer, actividades de ocio, etc. En esta previsión deberían estar indicadas dos cosas: el tiempo razonable para su realización, y el orden especificado de ejecución.

· *Caminar hacia la excelencia.* No se trata, ciertamente, de mecanizar al niño, sino de ayudar a conseguir la producción máxima en las horas de que dispone. Esto le proporcionará un inmenso servicio más tarde. Las personas bien organizadas saben obtener más eficacia con menos esfuerzo y administrar mejor el tiempo de descanso.

11: La escuela, ¡Uf!

Parte 3.

La persona que no sabe, es como la que no ve.

Generalmente los escolares viven como una pesadilla sus deberes, como una especie de prolongación de la escuela hasta su casa, una obligación más. La actitud de los padres suele ser muy diversa: algunos ayudan a sus hijos hasta el punto de hacerles directamente las tareas; mientras otros se preocupan mucho menos, y tan sólo preguntan muy de vez en cuando: "¿Hoy no traes tarea?", pensando que ese tema corresponde exclusivamente a la relación entre el colegio y su hijo.

La concepción correcta por parte de los padres no debería ser ninguna de las dos. Los deberes son, efectivamente, una proyección del programa escolar para que los niños puedan asimilar las enseñanzas recibidas. Además, cumple otra función muy importante en la educación integral del niño: ayudarle a aceptar libremente sus responsabilidades, y concebir la cultura como un objeto del que puede apropiarse para su propio provecho. Los padres deben ser, por tanto, elementos activos en esa tarea, ayudando a su hijo a cumplir con sus deberes.

A pesar de todo lo dicho, se puede ayudar a los hijos a que se apliquen en sus tareas y se sientan satisfechos por su esfuerzo.

Ambiente de estudio

La primera medida será disponer un lugar para que pueda concentrarse convenientemente. Los ruidos y el movimiento de otras personas serán interferencias que le dificultarán o impedirán mantener su atención.

El trabajo intelectual debe asociarse al recogimiento, sería casi cruel obligar a un niño a estudiar mientras escucha música de fondo, la televisión o los juegos de sus hermanos.

Es necesario establecer una rutina diaria donde sus tareas escolares queden claramente encajadas. Por ejemplo, después de la merienda y antes de otra actividad extraescolar o de ocio.

No debe dejársele abandonado por dos razones: puede requerir algún tipo de ayuda en el trabajo, y necesita impulsos de ánimo y reconocimiento.

Hay que evitar atosigarlo, necesita respirar, tomar su ritmo; pero a su vez, hay que ir formando el hábito del trabajo continuado.

Forma de ayudarle

Muchos padres piensan que ayudarles es reclamarles que se sienten a trabajar, y pasan por su lado a menudo para vigilarlos, les insisten, y llegan a castigarlos si no terminan los deberes o les engañan. Es evidente que por este camino no se puede llegar a un buen fin.

Si el niño no rinde y el tiempo pasa sin que vuelva la hoja, lo más probable es que le falte estímulo o que se encuentre desorientado sobre lo que tiene que hacer. Es importante que los padres, con un sincero deseo de ayudar, puedan averiguar en cada momento cuál es la causa. De lo contrario pueden reforzar el problema sin saberlo.

En ocasiones, si es cuestión de estímulo, cuesta poco sentarse un momento a su lado y hablar con él de algún tema que le interesa, *expresarle afecto y valoración,* hacerle ver que lo lleva muy bien, que le falta poco para su término, etc.

Cuando el niño no comprende bien su trabajo o no sabe cómo tiene que realizarlo, *necesita el apoyo de sus padres.* Una guía, una ayuda para razonarlo de otra forma, un ejemplo de realización, etc. Es suficiente para que vuelva a tomar confianza en sí mismo y vuelva al trabajo con actitud positiva.

Si su rendimiento siempre es muy bajo hay que pensar en otras causas: ¿comprende lo que lee?, ¿entiende lo que se le explica en clase?, ¿sabe realmente lo que tiene que hacer y cómo hacerlo?, ¿está quedando atrasado en el ritmo que sigue el profesor?, etc. Los padres deberían estar atentos a estos aspectos, que son de vital importancia, para poder tratarlos a tiempo y evitar complicaciones posteriores. Evidentemente, *será necesario por parte de los padres contrastar con los profesores la actuación de los hijos en casa con la de la escuela.*

Del seguimiento entre padres y profesores salen las acciones adecuadas para suplir las posibles carencias en el niño, tanto pedagógicas como psicológicas. Nunca hay que perder de vista que, cualquiera que sea la actuación del niño respecto a sus tareas, siempre tiene su razón de ser: una causa que la produce. Por supuesto, presionar y forzar donde no se debe, deteriorará más la situación en varios aspectos: en la autoestima del niño, en la motivación que éste desarrollará por la escuela, y en las relaciones con los padres.

Potenciando un buen ritmo de trabajo

Es normal encontrar al hijo ensimismado en cualquier cosa que no son los libros. La ejecución de la tarea se alarga, y cada vez se le va haciendo más pesado continuar y terminarla. También en este aspecto de su maduración personal, los padres deben ayudarle.

Lo conveniente es que su actividad vaya guiándose por unos puntos de referencia que le darán la sensación de ir avanzando convenientemente. Una fórmula para lograrlo son los topes. *Se trata de establecer una serie de pequeñas metas dentro de los deberes del día.* No importa el tipo de trabajo que deba hacer, siempre puede dividirse en secciones y determinar el tiempo de ejecución. Se ha de presentar como una especie de juego, en el que el niño se reta a sí mismo. Disfrutará haciéndolo con la participación de los padres.

Desarrollando su capacidad de trabajar inteligentemente

A causa de las limitaciones y propósito de este libro, no puede presentarse aquí un tratado de técnicas de estudio. Pero creo muy necesario llamar la atención sobre este aspecto de fundamental importancia. Me suelo encontrar con demasiados niños que no tienen el privilegio de recibir de sus profesores algo tan esencial como es la facultad de *aprender a aprender.* Ello influye poderosamente en su desmotivación. Se les requiere que aprendan cosas de memoria que no tienen mucho sentido para ellos. Pierden por el camino su capacidad de análisis y síntesis; la satisfacción que supone desarrollar un proceso intelectual llegando a conclusiones, y a la adquisición de conocimientos por su propia elaboración.

Los padres también pueden ayudar a sus hijos en una cuestión tan importante: Presentar en la escuela la posibilidad de impartir estos conocimientos, documentarse ellos mismos y compartirlos con los hijos, buscar ayuda en profesionales o instituciones especializadas. El niño que sepa trabajar con metodología en las tareas intelectuales, no sólo rendirá mucho más con menos esfuerzo, sino que su motivación se potenciará un cien por cien.

Un pequeño recurso que ha hecho evolucionar positivamente a muchos estudiantes es el siguiente: *Tener siempre presente, que el trabajo a realizar puede hacerse de una mejor y más eficaz manera.* El hecho de enfrentarse a esta propuesta, estimula a desarrollar la creatividad para buscar maneras de aumentar el rendimiento y la eficiencia. Este objetivo puede trabajarse como un juego entre padres e hijos. Los resultados son muy satisfactorios

Mantener un buen nivel de motivación

Del mismo modo que ocurre para las demás actividades que el hijo deba hacer, en los trabajos escolares también necesita una dosis de motivación para que todo fluya bien.

161

El ingrediente más importante es que *el hijo sea muy consciente del por qué va a la escuela y de la razón por la que debe hacer trabajos en casa.* Al hablar con los niños es muy normal comprobar que no tienen bien asumidas las verdaderas razones por las que hacen lo que hacen respecto a la escuela. Desde el primer día que un niño pisa el parvulario, sus padres deben hablarle del privilegio que tiene de ir a la escuela, de todo lo que va a significar en su vida, de aquéllos que desgraciadamente no pueden asistir, disfrutando juntamente con ellos de las actividades que van realizando en la escuela.

Más adelante hay que encontrar las oportunidades para que el hijo pueda hacer gala de sus conocimientos delante de los padres u otras personas, recibiendo el propio reconocimiento. *El niño necesita ir encontrando el sentido y el estímulo a todo lo que le requieren que haga.* Tendrá que luchar muchas veces contra impulsos contrarios al esfuerzo, y necesita tener razones morales y emocionales para superarlo.

Después de cada jornada de estudio, trabajo o examen, *el interés y la identificación de los padres, así como su reconocimiento,* son imprescindibles para mantener la motivación en buen nivel. Atentos siempre a suplir las carencias que puedan experimentar en el proceso de formación.

Hay que hablar de vez en cuando de los objetivos y preferencias profesionales. Es posible que muchos hijos vayan variando de intereses conforme van creciendo, esto es normal; lo importante es vivirlo con la orientación sabia y no condicionante de los padres. Todas las personas necesitan soñar con el fin del viaje, donde podrán disfrutar de la recompensa a sus esfuerzos.

La importancia del ejemplo familiar

Los hijos reciben constantemente la influencia positiva o negativa de lo que ven a su alrededor. No sólo los padres, sino también los hermanos mayores pueden ser figuras determinantes en animar o desanimar en la responsabilidad escolar.

No es muy educativo para un hijo (hasta que no pueda asumirlo), que él esté haciendo sus deberes escolares, mientras su padre se encuentra viendo la televisión. Un hecho como éste puede desconcertar, desmotivar y hasta estorbar el trabajo del hijo. Por tanto, *los padres, motivados siempre por el bien del hijo y la empatía necesaria para acertar en su comportamiento, deben estar atentos a potenciar con su propio ejemplo el interés y responsabilidad del hijo por sus tareas.* Lo propio es que en la familia exista un actitud de sensibilidad de unos para con los otros, en cuanto al respeto, al apoyo y al estímulo.

Una última reflexión

La conducta del niño con respecto a la responsabilidad de sus tareas escolares, acostumbra a ser un reflejo de cómo funciona todo lo demás en su vida. *Cuando se hace un análisis integral de la situación del niño en la familia, suele comprobarse que su comportamiento escolar (en el caso de ser un problema) es una más de las disfunciones existentes.*

El niño que ha aprendido a ser esencialmente ordenado en sus cosas, también lo será a la hora de estudiar. Si su espíritu es honesto, estará atento en las clases y procurará poner de su parte todo lo posible para cumplir con los requisitos que le piden. Si tiene espíritu de superación, luchará ante las dificultades. Si es obediente y responsable en las demás cosas de casa, también lo será en las que se relacionan con la escuela.

No hay que pensar en el niño con dos personalidades selectivamente distintas (a no ser por un problema específico que haya que tratar convenientemente). No suele darse el caso de un niño ideal en todo menos en su trabajo escolar. *La cuestión esencial tiene que ver con los valores que ha adquirido,* estos valores son los que le dispondrán a actuar adecuadamente también en los estudios dentro y fuera de casa.

Los padres no deberían engañarse en esta cuestión: cuando hay fracaso escolar, generalmente hay problemas de fondo que muchas veces no tienen que ver específicamente con temas intelectuales, del profesorado, o de la escuela. Por supuesto, como se ha dicho más arriba, deben valorarlos, pero no pueden descuidar la base moral del niño y su estilo de vida.

Aún hay un detalle de gran importancia en el que los padres deben estar atentos. Hay un porcentaje de niños que tienen condiciones privilegiadas para el trabajo intelectual. Esto tiene su ventaja para el niño, pues con muy poco esfuerzo sacará buenas notas y hará muy felices a sus padres. Pero por otra parte, la desventaja de este hecho es que no facilita establecer los hábitos de trabajo en el niño. Vendrá un día en que el niño no podrá vivir de las rentas a causa de su capacidad privilegiada; entonces, suele aparecer el fracaso. En este caso los padres deberán considerar la posibilidad de que su hijo vaya avanzando en su proceso educativo completando su formación con otros conocimientos.

Lo propio por parte de los padres, es no olvidar que *los hábitos de trabajo o estudio son esenciales para su futuro.* Y deben ayudarles a establecerlos en sus hijos, aunque sepan sus lecciones y traigan buenas notas a casa. La importancia radica en su formación como persona.

Respecto a esta cuestión, hay padres que desean dotar a sus hijos de una formación muy completa y les saturan de actividades extraescolares. Los niños no tienen la capacidad de asimilar todo lo que los padres les exigen o desean para ellos, y el rendimiento escolar baja necesariamente. Otros padres se despreocupan pensando que con el programa de formación oficial ya tienen suficiente.

Lo correcto es adaptar a las capacidades del niño su programa de formación. De la misma forma que ocurre en otras áreas de su vida: como la salud. Hay niños que tienen una salud aceptable, pero si les exigieran una serie de esfuerzos físicos comenzarían a tener problemas. Otros niños necesitan mucha atención y cuidados por parte de los padres y especialistas para que puedan sostener un nivel de salud normal. En cambio, los más privilegiados, por sus características físicas especialmente buenas, requieren desarrollar una gran actividad física para disfrutar de un equilibrio psicofísico. Su salud integral se deterioraría si no se les permitiera quemar energías en actividades competitivas o de logro.

12: ¡S.O.S.! LLEGA LA ADOLESCENCIA

PARTE 3.

Hijos pequeños, problemas pequeños.
Hijos grandes, problemas grandes.

Proverbio judío

La adolescencia es un periodo evolutivo en el que la persona pasa por continuos cambios como tránsito hacia la vida adulta. Con frecuencia los adolescentes suelen cambiar más rápidamente que sus propios padres; por esta razón, el conflicto simplemente puede surgir porque los padres no aceptan que ya no están tratando ni hablando con un niño grande, sino con un adulto joven.

Algunos piensan que la adolescencia es una época espléndida de la vida en la que los jóvenes se lanzan a un comportamiento excéntrico y alocado, pero eso no es todo. Bajo esta apariencia subyacen el temor, la incertidumbre y la frustración que sufren en esta etapa. Ellos, igual que sus padres, se encuentran en una situación novedosa, respecto a la cual nadie les ha dicho todo lo que deberían saber para superarla con éxito; aunque, también es cierto, que si alguien tratara de explicárselo es muy probable que tampoco atendieran, porque eso forma parte del crecimiento: el proceso de aprender a pensar por sí mismos y de no hacer lo que les aconsejan aquéllos que durante los doce o trece años anteriores han dirigido su vida.

Por si no fueran suficientes los cambios que padres e hijos deben enfrentar para superar esta etapa, hay otro factor que viene a complicar más la experiencia de transición. Me refiero al hecho evidente del cambio social experimentado en los últimos años, el cual redunda en algunos problemas nuevos y singulares que causan grandes tensiones entre padres e hijos, ya que las opciones abiertas a los adolescentes en la actualidad son mayores que en cualquier otra época histórica, enfrentándolos a pasiones, presiones y decisiones para las que no tienen suficiente experiencia.

Características de la adolescencia

Los cuerpos de los adolescentes cambian de manera tan rápida que difícilmente pueden asimilarlo. El mecanismo que pone en funcionamiento los cambios que se producen en la pubertad se encuentra situado en el cerebro (hipotálamo); esta parte del cerebro pone en marcha la producción de hormonas, las cuales activan los órganos sexuales y se desarrollan de forma espectacular las diferencias entre chicos y chicas. Pero como todos saben, los cambios no sólo son físicos sino también psicológicos, ya que afectan a su personalidad, a las relaciones de familia y al entorno social.

Suele estar descontento con su cuerpo, sobre todo las chicas, que en poco tiempo han visto "descontrolarse" las curvas de su cuerpo, hecho que influye en su auto imagen y puede dar lugar a complejos y auto rechazo que luego proyectarán en alguna dirección: "Estoy gorda, la ropa que me gusta no me la puedo poner, esto es un asco".

Su referente suele modificarse, pasa de ser los padres a ser la pandilla. Su nivel de comunicación con los padres suele descender o volverse muy superficial y cambian de interlocutores: "Vosotros no entendéis nada". Se pueden volver herméticos en la relación con sus padres y contestar con monosílabos cuando se consideran interrogados. "Sí". "No". "No seas pesada".

Los adolescentes pueden discutir por sistema la autoridad de los padres, piensan que sus padres no les comprenden, los consideran injustos cuando tratan de orientar su vida y confunden la libertad con la independencia. "Cualquier día me voy de casa", les dice el adolescente a sus padres cada vez que le niegan o le limitan en algo.

Muchos adolescentes pasarán por una etapa de desafío a las figuras de autoridad, tanto padres como profesores sufrirán su rebeldía y enfrentamiento. "¿Tú quién eres para impedírmelo?". Al sentirse incomprendidos, se vuelven rebeldes frente al mundo que les rodea. Discuten con pasión sobre la hora de llegada a casa, los planes con sus amigos y se resisten a colaborar en casa: "Todos lo hacen menos yo". "Ningún padre trata a su hijo como me tratáis a mí".

Se acrecienta el sentido de la intimidad, descubren su interioridad y la protegen. Por eso es frecuente que comiencen a encerrarse en su habitación, y no comuniquen lo que piensan y hacen. Pasan muchas horas en su habitación haciendo cosas que no quieren que nadie de la familia sepa: "Tengo derecho a mi intimidad".

Es el tiempo de los primeros enamoramientos, y a muchos padres no les simpatiza nada algunos de sus amores. Ven a su hijo o hija en peligro y tratan de salvarlo creándose entonces un nuevo conflicto: "Por mucho que me digáis de él no conseguiréis que cambie de opinión"

Las nuevas tecnologías también han tomado un gran protagonismo en la vida de los adolescentes, de forma que sería casi inconcebible para un adolescente normal vivir sin tener un teléfono móvil o chatear en Internet. A los padres les cuesta aceptar que tengan que dedicar tantas horas a comunicarse compartiendo "tonterías" con un lenguaje totalmente degenerado: "tia txo d - : (abr qando qdamos. tqm".

Descubren el sentido de la amistad, son capaces de crear lazos sólidos que pueden durar toda la vida: "Es mi amiga íntima, nos lo contamos todo".

Pueden tener un fuerte sentido de la justicia, es muy fácil que entiendan la solidaridad y que se presten a experiencias altruistas. Muchos son idealistas y, con el tiempo, aprenderán a darle la dimensión adecuada a su concepción de las cosas; es una época en la que tienen el riesgo de ser manipulados: "Hay que luchar contra el sistema".

Es probable que disminuyan su rendimiento escolar, pues su dispersión mental reduce su capacidad de concentración: "Estudiar es un rollo".

Es posible que pasen por diferentes tipos de crisis: personales, sociales, familiares, espirituales. Algunos pueden llegar a estados depresivos y expresar que no tiene sentido su vida: "Mi vida sin Jorge no tiene sentido".

Es la época de los ídolos a los que quisieran parecerse y siguen con fanatismo. Conocen todos los detalles de sus vidas, tratan de imitar su forma de hablar y sus gestos. Si se trata de un cantante, se saben de memoria todas sus canciones y están todo el tiempo escuchándolas: "Es genial, no hay otro como él".

Suelen ser inestables en el carácter y en los estados de ánimo, no saben cómo reaccionar ante lo que sienten dentro de sí y las circunstancias novedosas que van enfrentando. En muchas ocasiones podría decirse que: "Lo que le pasa a un adolescente es que no sabe lo que le pasa".

Los padres ante la adolescencia

Esencialmente, los padres ayudarán a su hijo adolescente a que se desarrolle constructivamente, convirtiéndose en un joven adulto responsable, en la medida que entiendan lo que está sucediendo y luego adecuen su comportamiento a las necesidades del hijo.

El hijo ya no tiene retorno, la naturaleza le empuja para que se convierta en un hombre o una mujer, y la imagen que los padres tienen del niño o la niña dulce y obediente ya no volverá. Por tanto, el hijo cambia y no puede dejar de hacerlo, y los padres también deben cambiar para no hacer las cosas más difíciles de lo necesario.

La experiencia demuestra que muchos de los conflictos que se generan en esta etapa, se superan perfectamente abriéndose a un nuevo enfoque de los conceptos que habían sido válidos hasta entonces, asociado a los reajustes adecuados en la forma de relacionarse y tratar los problemas.

Con frecuencia padres e hijos quedan atascados en un juego circular de conductas: el hijo realiza un comportamiento que los padres desaprueban, éstos sancionan la conducta de alguna forma y en el hijo se genera un sentimiento negativo que proyecta a su vez sobre ellos. Los padres reaccionan cada vez con más contundencia sobre la mala conducta del hijo y éste responde más negativamente. Ambos (padres e hijo), pueden llegar a situaciones límite que nunca imaginaron. Siempre que los padres centren su atención en la conducta más que en tratar de resolver su causa pueden caer en esta espiral de *lucha de poder* de resultados imprevisibles.

Un factor fundamental.

En principio mi sugerencia es que los padres deben aprender a tomar cierta *distancia psicológica* de su hijo y de sus problemas para poder tener perspectiva de la situación y mayor capacidad de recursos educativos.

Una madre me decía: "Cuando veo a mi hija salir con algunas de sus amigas, el temor me bloquea".

Como todos saben, las emociones son las responsables de la ofuscación y de la pérdida de la serenidad necesaria para ser objetivos ante las situaciones difíciles. Por tanto, la mejor forma de defenderse contra la influencia negativa de las emociones será pactar por la aceptación de las situaciones que se presenten, no considerándolas como problemas sino como oportunidades educativas en las que los padres y el hijo pueden salir enriquecidos.

El acto de *tomar distancia* es equivalente a abrir el campo de visión mental para poder considerar otras cosas relevantes y relativizar la importancia del problema para poder actuar de forma mucho más acertada. Aceptar al hijo adolescente en su particular situación para crecer juntos en la aventura de la vida es incompatible con la mente cerrada, intransigente, radical, dogmática o atrapada en otros patrones sociales que no tienen que ver con el momento actual.

"Es imposible hablar con mis padres", me decía la joven. "Ellos siempre tratan de hacerme sentir culpable de algo que yo no veo que sea malo, sólo es diferente a los que ellos piensan".

Con esto no estoy induciendo a nadie a una tolerancia sin límites, sino a la conveniencia de encontrar el equilibrio entre los valores que los padres desean legar a sus hijos y el espacio que éstos necesitan para asimilarlos en una etapa de transición y en el contexto social que a ellos les ha tocado vivir.

Esta concepción de la educación requiere que los padres hagan un esfuerzo de adaptación al mundo del adolescente para poder comprenderlo y ayudarlo realmente. Se trata de desarrollar la empatía y tomar conciencia de sus necesidades anímicas de realización personal y sus sentimientos contradictorios hacia sí mismos y hacia los demás. Se trata de "ponerse en su piel", en su situación particular y en su contexto, procurando los padres captar el sentir de cómo le gustaría a ellos ser tratados si se encontraran en el lugar del hijo.

No se le puede seguir tratando como el niño que era hace poco, pero tampoco como un adulto autosuficiente capaz de tomar toda la responsabilidad sobre su vida; no es una cosa ni la otra y es fundamental comprender esta situación. Les molesta realmente ser tratados como niños, suelen rechazar las expresiones afectuosas que antes les prodigaban los padres, y cualquier cosa que les pueda recordar a su anterior etapa.

Esto significa que el "niño" se ha terminado y casi todo lo que conllevaba, ahora es un proyecto de adulto que quiere ser tratado como tal, de lo contrario se sentirá agredido.

Claves educativas.

Es necesario favorecer el que vaya tomando responsabilidades que le permitan ser más autónomo. De forma progresiva y solapada, la autoridad de los padres debe dejar paso a la responsabilidad que el adolescente debe ir asumiendo sobre su vida. Necesita tener las oportunidades para hacerse cargo por sí mismo de las situaciones, aunque éstas lógicamente entrañen un riesgo. Siempre una oportunidad implica un riesgo, pero es de la única forma que puede ir madurando sin el proteccionismo de los padres y, así más adelante, tomar por completo la dirección de su vida con seguridad.

Para eso, tiene que saber que se confía en él y se le considera capaz. Los padres no pueden jugar a "policías y ladrones" espiando y controlando al hijo para sentirse seguros ellos. Aunque lo hicieran se encontrarían con la sorpresa de que el hijo que quiere engañar a sus padres suele conseguirlo. Por otra parte, cuando una persona siente el peso de la desconfianza sobre ella, interiormente genera sentimientos negativos de falta de colaboración y de revancha. Si los valores morales están establecidos en el adolescente, y además sabe y siente que sus padres confían en él, es difícil que su conciencia le deje ir muy lejos en alguna de las "locuras" que pudiera hacer.

El adolescente necesita enfrentarse a las situaciones nuevas que la vida le presenta y a las consecuencias propias de sus conductas. El proteccionismo de los padres puede privar a los hijos de estos dos tipos de oportunidades que tienen un valor pedagógico insustituible. Cuando los padres hacen lo que el hijo debería hacer por deber lógico y natural, le están haciendo un flaco favor al desarrollo de su madurez.

Las situaciones nuevas le exigirán que se esfuerce en ser más creativo y se supere a sí mismo; cuando asuma las consecuencias de sus decisiones y conductas se volverá más responsable y previsor.

Él tiene que hacerse cargo de su vida y ello requiere que los padres le vean más como el hijo que puede pensar por sí mismo y no como el niño dependiente. A muchos hijos les es más cómodo utilizar a los padres que pensar, reflexionar, soportar y actuar; y los padres se lo consienten y se lo refuerzan.

En general las personas tratamos de evitar el sufrimiento, y ellos tampoco quieren sufrir innecesariamente; por tanto, si toman conciencia de que una determinada conducta conlleva un coste alto de infelicidad, cambiarán esta conducta, a no ser que haya otros factores que justifiquen su resistencia al cambio y sea necesario tratarlos de otra forma.

Un joven que terminó la enseñanza secundaria ingresó en la universidad para cursar estudios superiores; hasta entonces, bajo el control de los padres, todo había ido bien. Como en la ciudad donde vivían no había universidad y la más próxima se encontraba a más de 150 Km. decidieron que se hospedaría durante los días lectivos en la residencia de estudiantes y los fines de semana los pasaría en familia. Era una nueva experiencia a la que iba a enfrentarse prácticamente solo, con lo cual se pondría en evidencia la autenticidad de los valores adquiridos. Comenzó el curso y aunque los padres eran profesores de secundaria, cuando le preguntaban por su progreso y aprovechamiento él siempre respondía positivamente al principio y con evasivas más tarde, sin darles mucha opción de hacer un buen seguimiento.

Después de los primeros exámenes, el joven confesó a sus padres que había desaprovechado el tiempo y que no había aprobado ninguna asignatura; pidió ayuda a los padres y éstos se volcaron a hacer su trabajo extrayendo de los libros esquemas y resúmenes para que pudiera salvar el curso. Pronto comenzó a agobiarse, al estar estudiando en casa sometido a un horario intensivo y codo a codo con sus padres. Insistió en que ya había aprendido la lección y necesitaba volver otra vez a la residencia de estudiantes a continuar el curso, comprometiéndose a aprobar medio curso en junio y el otro medio en septiembre.

Los padres consintieron sin ninguna confianza advirtiéndole lo que de seguro pasaría. La "profecía" se cumplió y el joven agotó el curso sin poder presentarse ni a una sola asignatura. Al volver a casa, los padres le dejaron muy claro que tenía que tomar la responsabilidad de su vida y eso significaba que debía trabajar en lo primero que encontrara. Así lo hizo y, cuando volvió a solicitar el apoyo de los padres para poder seguir estudiando, esta vez fue con condiciones: el joven tuvo que trabajar media jornada y el resto del tiempo lo dedicaba a asistir a las clases y al estudio. El remedio resultó en un desarrollo personal del hijo que le capacitó para tomarse la vida con responsabilidad.

Los padres han de servir de modelo a su hijo. Han de ser consistentes respecto a los comportamientos que corresponden a los valores que han tratado de transmitirle. De esta forma consiguen el reconocimiento del adolescente. La confianza es algo sagrado en las relaciones familiares; si un hijo llega a perder la confianza en sus padres, éstos no tendrán más autoridad moral sobre él aunque legalmente la sigan teniendo; lo más probable entonces, será que el hijo tenga la tendencia a cuestionar abierta o veladamente lo que dicen y hacen sus padres.

Es fundamental apoyarle en el desarrollo de la seguridad en sí mismo y la búsqueda de su identidad. Si en la relación con el hijo los padres han potenciado su autoestima (no su vanagloria), el adolescente no tendrá muchos problemas para superar las situaciones de cambio adaptándose y aceptándose a sí mismo. Al llegar a esta etapa, la educación debe continuar en la línea de diferenciar sus conductas de su persona. Nunca debe ser juzgado por sus conductas, aunque éstas deben ser valoradas, sancionadas en su caso y reorientadas; él es mucho más que su comportamiento.

El comportamiento de una persona puede ser producido por diferentes factores, algunos de ellos fuera de su control. Al tomar conciencia de sus conductas negativas, se siente mal, se encuentra confuso e insatisfecho. Por tanto, no es el momento de descargar sobre él la "artillería" agravando los problemas que pueda tener de autoestima e identidad. Es mucho más conveniente trabajar juntos los problemas en un acto de solidaridad y darles una salida digna.

En esta misma línea hay que canalizar su deseo de independencia tanto emocional como económica. Lo necesita, forma parte del proceso de maduración. Debe poder administrar algún dinero, tiempo, tomar decisiones sobre cosas que le atañen dentro de unos límites razonables, sentir que se hace cargo de su vida con sus *derechos y deberes.*

Compartir sus inquietudes e ilusiones en su proyecto de autonomía, es no enfrentarse en una *lucha de poder,* sino reconducir su impulso de hacerse adulto.

Hay que fijar límites, el adolescente necesita un marco de contención y una supervisión firme y adecuada. Los límites ayudan a mantenerlo emocionalmente seguro, siempre sabe lo que *puede* y lo que *no puede* hacer aunque él quiera ganar más espacio cada vez, pero nunca permitirle caer en el caos, lo cual ocurre cuando no hay límites.

En cuanto a la aplicación de las normas, pueden darse dos casos: que no existan o que existan directamente relacionadas con los estados de ánimo de los padres. Tanto en un caso como en el otro el efecto será muy negativo.

Es evidente que ninguna familia puede vivir unida en un hogar a menos que haya normas que se cumplan. Pero hay que discriminar entre las normas que son esenciales para la convivencia y aquéllas que son modificables para adaptarse a la nueva situación que compartirán padres e hijos. Al hablar de normas esenciales me refiero a aquéllas que se fundamentan en los valores y principios éticos que son necesarios para el futuro del hijo como persona adulta cabal y para una convivencia justa, armónica y constructiva.

Hay otras normas que están relacionadas con la idiosincrasia propia de cada familia o con modelos de vida que pueden no ajustarse al momento actual, por tanto, éstas pueden evolucionar para adaptarse a los cambios que los miembros más jóvenes experimentarán en el contexto que vivan.

No todas las normas tienen que ser formuladas por los padres. En mi trato con familias donde ha sido necesario resolver problemas con hijos adolescentes, siempre se han negociado normas de forma conjunta aceptándolas y respetándolas en la mayoría de casos.

Los adolescentes, en el fondo, desean que haya normas. Es difícil encontrar un adolescente que diga que no quiere ninguna norma. El mundo funciona con normas y ellos lo saben y no se oponen esencialmente a su existencia. Sólo cuando las reglas parecen opresivas es cuando intentan violarlas.

Los padres que han sido muy rígidos y poco dialogantes se encuentran en esta etapa con dos tipos de conductas típicas en sus hijos: pueden sorprenderles engañándolos al tratar de satisfacer sus "necesidades" (ya que dan por supuesto que los padres ni los comprenden ni aprobarán lo que desean hacer), o caen en el "efecto péndulo", realizando conductas totalmente opuestas a las que los padres han tratado de imponerles.

Amarle realmente, tratar de que se sienta amado (no consentido) y expresarle este amor (aunque no se compartan sus opiniones o conductas), es un factor fundamental para la buena relación. Cuando un adolescente no se siente amado muestra una conducta muy hostil hacia sus padres y experimenta un cierto placer al hacerles la vida difícil. Amar no es suficiente en una relación, es necesario desarrollar la capacidad de transmitir ese amor para que sea percibido y en los momentos difíciles nunca lo pierda de vista. Las opiniones de los adolescentes suelen ser cambiantes e influidas por el ambiente y hay que dar tiempo a que se vaya asentando su personalidad. El verdadero amor es un lenguaje que el corazón reconoce aunque pase por momentos tormentosos.

Es necesario desarrollar la capacidad de dialogar, escuchar y empatizar más que nunca. Las imposiciones y las comunicaciones cerradas son siempre contraproducentes, por ello hay que llegar a acuerdos después de tomar conciencia de los sentimientos y necesidades del adolescente. Tratar de conocer las motivaciones profundas que le llevan a pedir y actuar de la forma que lo hace, pueden ayudar a los padres a ofrecerles otras alternativas más racionales que también le darán satisfacción. Escuchar con el propósito de comprender es muy rentable en la relación.

Padres e hijo han de aprender a entenderse para llegar a acuerdos y respetarlos sin que nadie tenga la sensación de ser el perdedor.

Se trata de ayudarle a que razone por sí mismo y pueda ver la conveniencia de las cosas; si llega a tener la sensación de que es su propio razonamiento el que le ha llevado a las conclusiones aceptables por las dos partes, no habrá ninguna resistencia en comportarse según los acuerdos.

Debe tratarse al adolescente como miembro de "primera fila", teniendo en cuenta sus opiniones, invitándole a participar en las discusiones y temas de familia; ésta es una de las evidencias más convincentes para él de que se le considera como un adulto, como alguien que puede aportar cosas interesantes y se siente valorado. Percibe el reconocimiento y la confianza de los padres y le estimula a tomar más responsabilidad y una actitud de colaboración. Celebra que los padres ya no lo vean como un niño con quien nadie cuenta si no es para darle órdenes.

No hay que tomar decisiones que le competen al adolescente sin tenerlo en cuenta. Suele ocurrir con padres autoritarios, sencillamente piensan que están haciendo lo mejor para él y no se plantean más; pero el hijo se sentirá dolido y herido en su dignidad.

A todas las personas les gusta que respeten su intimidad: aquellas cosas que sólo comparten consigo mismos o con determinadas personas. Violar esta intimidad genera sentimientos negativos muy fuertes y ruptura de la confianza que antes se tenía. La curiosidad y poca delicadeza de algunos padres puede crear problemas importantes en la relación. Hay que evitar interrogatorios, registros y cualquier acción que pueda ser interpretada como una agresión por el adolescente. Los padres deben ganarse su confianza y respetar la parte de intimidad que él quiera compartir con ellos.

Enfrentarse con el hijo adolescente casi nunca funciona, sino que sólo se le ofrece una oportunidad para probar su voluntad y fuerza. Hay que hacer todo lo posible en las situaciones de rebeldía para evitar la confrontación y ser paciente. Hablar armoniosa y adecuadamente sobre sus nuevos comportamientos, siempre resultará mejor mientras los canales de comunicación aún están abiertos. El hecho de evitar enfrentamientos le permite tener más disposición para acercarse a sus padres y compartir sus inquietudes o solicitar su ayuda cuando la necesite. Por otra parte, evitará el posible daño que todos en la familia podrían sufrir a raíz de las discusiones y las actitudes negativas que derivan de las situaciones de conflicto. Es sabio no malgastar energía innecesaria en cosas que no tienen mucha trascendencia o en aquéllas que puedan tratarse de una forma más pacífica.

Unos padres aparecieron en mi consulta con una hija de 20 años con la cual llevaban 4 años de conflicto continuo; discutían por todo, se faltaban al respeto y deseaban perderse de vista mutuamente. Los padres querían que su hija siguiera sus pautas de conducta y la hija se negaba a hacerlo. Cuando hablé con ella pude comprobar que su concepción de la vida era muy diferente de la de sus padres, en ningún caso la joven se veía a sí misma viviendo una vida similar a la de ellos. Realmente eran dos posiciones distantes, pero este hecho no justificaba la guerra en la que vivían.

Era evidente que seguir con el conflicto no conducía a nada positivo. Los cambios tenían que comenzar por parte de los padres, aceptando todo lo aceptable de su hija si querían una salida sin rupturas. Al hablarlo con los padres se dieron cuenta de que podían convivir con su hija permitiéndole un mayor nivel de autonomía. Al cambiar la actitud de los padres también cambio la de la hija, de tal forma que, pasando algunas semanas, la hija fue suavizando su posición volviéndose más colaboradora a la hora de llegar a acuerdos. Todos salieron ganando.

El hijo adolescente necesita a los padres aunque le cueste admitirlo, no sólo por cuestión de dependencia económica, sino porque aún tiene que recibir su apoyo y experiencia hasta que pueda hacerse cargo de su vida. Pero es necesario que los padres no se lo recuerden a cada instante porque eso le molesta muchísimo ya que afecta a su dignidad. Se trata de ayudarle desde la sombra, facilitando el que él sea el que va tomando conciencia de lo más conveniente para su vida.

Hay que reconocer que los padres han realizado una labor muy importante cuando el hijo llega a esta edad, pero también hay que admitir que él atenderá a otros "maestros" que le enseñarán muchas más cosas sobre la vida. *Lo sensato por parte de los padres no es entrar en conflicto o competencia con ellos, sino más bien estar a su lado para contrastar lo que recibe* y enseñarle a que sepa seleccionar todo aquello que realmente será positivo para su vida.

En ocasiones el adolescente puede mostrar un comportamiento peligroso para sí mismo o para los demás. Por ejemplo, desarrollando una anorexia; entonces, los padres tendrán que intervenir para controlar su conducta porque le aman, *pero la forma en que intervengan será un factor determinante para la resolución del problema.* Es posible que necesiten buscar asesoramiento o ayuda especializada para no complicar más la situación, y estar dispuestos a efectuar cambios en sus concepciones y actitudes hacia el hijo. Ocurra lo que ocurra, no pueden perder la serenidad y dejarse llevar por las emociones que siempre acostumbran a traicionar los buenos propósitos.

No hay que olvidar que la adolescencia es una etapa de la vida que también se diluirá con el tiempo y, en la mayoría de casos, se impondrá la sensatez y la adaptación social, dando su fruto la labor que los padres han realizado.

13: Algo esencial

Parte 3.

El espíritu humano es la lámpara de Dios, pues escudriña lo más recóndito del ser.

Libro de Proverbios

El espíritu da vida; la carne no vale para nada. Las palabras que yo os he hablado son espíritu y son vida.

Jesús

De las diferentes partes que integran la riqueza anímica del ser humano, hay una que es obligado considerar con atención para aquellos padres que desean lo mejor para sus hijos. Se trata de la facultad espiritual.

Es evidente que para buena parte de la sociedad actual, hablar de Dios y de temas espirituales se califica de retrógrado. Pero es igual de evidente, que el sustituto que la sociedad está dando a los jóvenes que han eliminado la espiritualidad de sus vidas, es nefasto.

Por supuesto que este capítulo no es ningún tratado de teología, sino que tiene la intención de hacer tomar conciencia a los padres de algunas cuestiones realmente importantes. El desarrollo equilibrado y pleno de una persona, no pasa sólo por el área intelectual y emocional, sino también por la moral y espiritual. Trabajar adecuadamente con los hijos su facultad espiritual, es ponerlos en contacto con el Creador, es permitirles disfrutar de una vida más rica interiormente, contribuir a que tengan ideales más altos y nobles, y dotarlos de recursos que le serán imprescindibles para enfrentar positivamente situaciones difíciles.

Religiosidad no es espiritualidad

Existe una evidente confusión en la mayoría de la gente sobre una cuestión de importancia trascendental: el desarrollo espiritual de la persona. Muchos que crecieron en familias cristianas luego terminaron sin ninguna creencia, practicando religiones orientales o metidos en el ocultismo. La principal causa fue confundir espiritualidad con religiosidad. En otras palabras: cargar a cuestas con un baúl vacío.

Una persona espiritual puede ser religiosa, pero un religioso no necesariamente ha de ser espiritual. En el relato de los evangelios, Jesucristo acusaba a los líderes religiosos de entonces (fariseos) de ser religiosos pero no espirituales, confundiendo así a la gente que les seguía. La diferencia es evidente:

Religiosidad es la práctica de las obligaciones religiosas.

Espiritualidad es la actividad del espíritu.

En la práctica de las obligaciones religiosas puede estar ausente la contribución y expresión del espíritu, puesto que la actividad religiosa es algo externo. En cambio, la actividad espiritual está basada en una *relación* con el Creador. La vivencia espiritual con el Creador es mucho más que el estar integrado en la religión católica, protestante o cualquier otra. El énfasis se encuentra en la facultad de recibir y expresar, de sentir y experimentar pensamientos, sentimientos y vivencias que sólo pueden darse en el ámbito de esta relación con Dios, en su conocimiento, en la práctica de sus preceptos, y no tanto en los ritos religiosos como tales.

El hecho de estar integrado en un grupo religioso, en principio no es garantía de nada. Unas palabras del apóstol Juan expresan un concepto digno de reflexión: "El que no ama, no ha conocido a Dios; porque Dios es amor". Jesucristo sintetizaba la vida espiritual en dos preceptos: "amar a Dios sobre todas las cosas y al prójimo como a uno mismo".

La vida espiritual tiene como base el amor, sólo puede darse y desarrollarse en el amor. Por tanto, queda descalificado automáticamente como no espiritual todo aquello que no lleva el sello del amor.

Cuando Jesucristo habla de amor, no se refiere a un amor egoísta e interesado. Se está refiriendo al amor que se produce en la persona como consecuencia de abrir su espíritu a la influencia de Dios en una relación íntima. Una verdadera relación con Dios ha de producir necesariamente una serie de manifestaciones en la personalidad del individuo. El apóstol Pablo lo describe en una de sus cartas: "El fruto del Espíritu Santo es: amor, gozo, paz, paciencia, benignidad, bondad, fe, mansedumbre y templanza". Si éstas no son las características que refleja una persona, su experiencia puede ser religiosa, pero no espiritual.

Rasgos significativos

Aunque abunda poco, la persona que tiene una vivencia espiritual disfruta de un equilibrio y serenidad que se refleja en su mirada; y en general, en su expresión externa. Hay algunos rasgos que son comunes y caracterizan a quien tiene una vivencia espiritual:

Disfruta de una profunda paz. No importa demasiado en el contexto en que viva, puede sufrir presiones diversas, inestabilidad en su entorno o salud delicada, pero esta persona vivirá en su interior la paz, una paz que recibe cuando toma su tiempo de intimidad y recogimiento con Dios. En estos momentos, todo es perfecto, no importa lo que pase "ahí abajo"; en el nivel espiritual reina siempre calma y seguridad. Dios es un *Dios de Paz* y la persona que se deja envolver por él siente paz, una profunda paz.

Irradia el magnetismo del amor. No es un amor condicionado a lo que el otro haga. Lo experimenta con independencia de las acciones de los demás. Este amor es el que Dios deposita dentro de la persona como un regalo, la persona siente que el amor de Dios le ha alcanzado, ha penetrado en su alma y, como consecuencia, ama. Ama al simpático y al antipático, al generoso y al ruin, al inteligente y al torpe; sencillamente ama. No es un mérito propio, sólo deja fluir lo que hay en su interior. Ama a la gente, la vida, la naturaleza, lo bello y positivo. No le hace falta aprovisionarse de muchas cosas para sentirse feliz, porque ya lo es. Dios es un *Dios de amor* y el que vive una relación con él siente su amor y ama.

Experimenta la alegría. No es la diversión, contento y gusto que se siente al realizar una actividad que satisface, o cuando alguien atiende los deseos propios. No es una alegría que depende de algo externo, que viene y va dependiendo de la fuente que la produce. Es una alegría que se experimenta dentro del ser, no hay razones específicas para sentir esta alegría, no es euforia, es la alegría de sentirse inmensamente afortunado por ser lo que eres y tener lo que tienes, por hacer lo que haces, por relacionarte, estudiar, trabajar, ver el sol y la lluvia, sentir el aire en las mejillas y disfrutar de los colores, de las formas, de las flores y del canto de los pájaros por la mañana. Es sentir cómo Dios ha puesto a tus pies un mundo lleno de maravillas para que lo goces. Cuando estás en contacto con Dios no importa si eres más o menos alto, o delgado. Sientes que para él eres su criatura maravillosa, sientes sobre ti su gozo. Dios es un *Dios de alegría* y el que la experimenta con él siente su alegría y la transmite.

Le impulsa la esperanza. Todo aquel que disfruta de una vivencia espiritual sabe con seguridad que ésta no se puede destruir. Trasciende a lo material. Las personas que no han descubierto aún la relación con Dios necesitan aferrarse a lo que ven con sus ojos porque es lo único que conocen. Suelen sufrir muchas frustraciones a causa de los vaivenes de la vida, pues en este mundo nada es estable, ni justo. Pero el que tiene evidencia en su interior de la presencia de Dios, de su influencia y de sus dones, espera un día poderlo disfrutar sin limitaciones. El Creador es un Dios real, y el que lo conoce en su intimidad, queda cautivado esperando conocerlo en su plenitud.

Una época de oro

Nosotros podemos vivir la vida de esta forma, nuestros hijos también la pueden vivir; pero será necesario no mutilar o malograr la facultad espiritual que todos tenemos. Todo niño tiene unos años especialmente sensibles a la experiencia espiritual; su mente tiene una respuesta muy positiva a los principios y creencias espirituales, su capacidad de sentir y experimentar se encuentra dispuesta a ser desarrollada.

Esta etapa de la infancia puede no estar bien atendida o educada. Los padres pueden caer en alguno de los siguientes errores:

Confundir la vivencia espiritual con una práctica religiosa cualquiera, cargada de obligaciones y prohibiciones. En el caso de imponérsela a su hijo, puede llegar el momento que éste no encuentre sentido a lo que hace; se sienta agobiado y no experimente nada de lo que dicen en los oficios religiosos. Será el momento en que tomará conciencia de la disociación que vive entre *el dicho y el hecho*, entre las creencias y las vivencias; posiblemente se distanciará decepcionado.

Se pueden encontrar muchas personas decepcionadas de lo espiritual, porque en realidad nunca lo han conocido, aunque hayan asistido a muchos cultos y ceremonias, o sepan la Biblia de memoria. La persona que ha conocido la experiencia espiritual ha vivido sentimientos, sensaciones y una armonía interna que no puede encontrar en nada más. Es similar al que se enamora o es cautivado por cualquier arte; nadie le tiene que obligar a disfrutarlo, lo que él vive alimenta el deseo de seguir viviéndolo. Cuanto más lo vive, más se enriquece y lo valora. Todo lo que se impone por obligación, no cautiva, no enriquece, no produce una experiencia deseable.

Los padres que son contrarios a la educación espiritual del niño, plantean que hasta que la persona no ha alcanzado su autonomía y madurez suficientes para elegir por sí misma, nadie debería inducirla a ninguna religión. Entonces, alejan al hijo de cualquier tipo de enseñanza o experiencia religiosa. Este planteamiento sería equivalente a privar a un niño del lenguaje con el argumento de que cuando fuera adulto, él escogería por sí mismo la lengua que más le gustara. ¿Qué ocurriría entonces?. Pues que su facultad innata de la adquisición del lenguaje habría quedado mutilada y le sería muy difícil poder aprender una lengua. Los padres que piensan hacer a sus hijos libres, los están condicionando a no poder escoger más tarde, a perderse uno de los mayores dones que la persona posee. Pero lo más importante, al eliminar los valores y referentes espirituales de la vida del niño, alguien pondrá en su lugar otras ideas, aspiraciones y deseos que pueden ser muy negativos para su vida.

Por supuesto este planteamiento tampoco lo comparten aquellos padres que tienen creencias firmes y experiencias profundas de tipo espiritual. Lo consideran un valor inestimable para la vida y por tanto, cuando se lo transmiten a su hijo, le están dando una de las mejores herencias.

A la vista de la juventud que crece sin educación espiritual, con una moral sin límites ni puntos de referencia, cargada de materialismo y violencia, volcada a las sensaciones fuertes, no parece un acierto haberlos privado en su infancia de asimilar los valores y vivencias espirituales.

En ningún momento se entienda que al hablar de espiritualidad, ha de relacionarse con cualquier tipo de fanatismo religioso o sectario. Soy consciente de lo negativo de este hecho; sé cómo anula la individualidad personal privando al devoto de cualquier tipo de razonamiento en libertad. Es una forma de esclavitud que degrada al ser humano colocándolo en una posición vulnerable respecto a la voluntad e intereses de sus líderes, llevándolo en ocasiones, a destruir a otros o a sí mismos.

Disfrutando en su práctica

Entre las experiencias que más recuerdan de mayores los hijos, están aquéllas que compartían junto a sus padres en la educación espiritual. Durante el día hay momentos especialmente significativos que los padres deben aprovechar para transmitir a sus hijos los principios espirituales.

Me decía una mujer, que cuando era niña deseaba que llegara el momento de ir a la cama. Su padre siempre la acompañaba y le contaba una historia de la Biblia. Luego hacían una oración juntos a Dios en la que daban gracias por el día y pedían por cosas importantes. Así fue progresivamente conociendo a Dios, viviéndolo en su intimidad. En cualquier momento del día, elevaba su pensamiento a él y le hablaba. "Lo sentía siempre tan cerca de mí, sabía que me escuchaba, veía su amor tantas veces…" No es un testimonio aislado el de esta mujer. Millones de personas, afortunadamente, aún sienten la presencia de Dios y se comunican con él; y agradecen a sus padres que pusieran en su corazón el conocimiento y la experiencia de Dios.

Cuando la familia se reúne para comer, y antes de hacerlo, expresa su agradecimiento a Dios. Cuando juntos hablan de sus oraciones contestadas, de sus experiencias de fe, del descubrimiento de la grandeza de Dios en sus vidas, todos salen enriquecidos, porque sus vidas están siendo pautadas con la vivencia espiritual.

En esta educación libre de imposiciones absurdas, donde lo primordial es la relación con Dios, su conocimiento por medio del mensaje expresado en la Biblia y la experiencia de su práctica, los padres van llevando de la mano a los hijos. Entienden a Dios como un Padre celestial porque tienen unos padres terrenales que les aman y cuidan de ellos. De la misma forma que se comunican con sus padres aprenden a hacerlo con Dios. Le hablan y le escuchan en un nivel espiritual; tratan de conocerle y agradarle. Y viven en una interrelación integral con Dios como lo hacen con sus padres.

En familia

La educación espiritual es una cuestión que debe enseñarse y desarrollarse básicamente dentro de la familia. Muchos padres piensan que enviando a los niños a la Iglesia, ya los formarán en esta área mientras ellos se despreocupan. En la Iglesia se comparten una serie de actividades dedicadas a conocer los preceptos de Dios, a honrarlo, y a crecer juntos espiritualmente. Pero la vivencia espiritual del día a día, su asimilación y desarrollo se produce en la familia y de forma individual. En el caso de no ser así, puede caerse en una doble vida: una en el ámbito eclesial, y otra en la intimidad de la familia. Si éstas dos no se corresponden, se predispone a los hijos para descalificar las creencias espirituales que han recibido.

Adecuado a la edad

La formación de los conceptos espirituales debe adecuarse a las diferentes etapas evolutivas de la psicología del niño, ya que lo espiritual no se vive con independencia de lo psicológico. No se puede forzar la asimilación de conceptos abstractos y prácticas religiosas en un niño que psicológicamente no está preparado para ello. Hay que tener siempre presente que la educación espiritual debe enriquecer y servir de apoyo en la vida del niño, no causarle conflictos que no pueda resolver.

Actuar coherentemente

Como en otros aspectos de la educación, los padres necesitan actuar conforme a los principios que transmiten a sus hijos. La confirmación de la bondad de su enseñanza será la aplicación práctica del día a día. Nunca pueden ser dos mundos distintos para el niño: el religioso y la realidad. Lo espiritual debe formar parte de la vida integral de la persona.

Es al enfrentarse a las diferentes situaciones que la vida presenta, cuando se pone a prueba qué valores dirigen la vida de los padres. Pueden enseñar una cosa a sus hijos y hacer otra. Pero los hijos observan y valoran la importancia de lo que han recibido por la forma de actuar de sus padres. Cuando reciben una ofensa, cuando un miembro de la familia pasa por una enfermedad grave, cuando hay problemas económicos, en la actitud ante las personas que pasan necesidad, etc., los hijos perciben si Dios es un ser presente en la convivencia familiar, si se le expresa reconocimiento y gratitud, o por el contrario, se le ignora y desacredita.

En todo momento los padres han de ir siendo un ejemplo claro de la vivencia espiritual en la vida práctica. Pasando los años, sus hijos sabrán enfrentar las situaciones difíciles como sus padres lo hacían, podrán tomar decisiones importantes con la ayuda de Dios, y sabrán llenar sus vidas de los atributos que encontrarán en su propia relación con el Ser Supremo.

Nunca manipular

Un valor tan importante para el niño, que llega a sensibilizar las fibras más profundas de su ser, nunca debe ser objeto de manipulación por parte de los padres. Muchos caen en la tentación de usar el miedo a ofender a Dios para que los hijos hagan caso a los padres. Les profieren amenazas que atribuyen a Dios para que eliminen su resistencia a obedecer. Algunos llegan a asustarlos tanto, que pueden tener problemas de ansiedad o insomnio. Personalmente he atendido muchos casos de desajustes psicológicos a causa de las presiones que los padres han ejercido sobre los hijos a través de utilizar recursos de tipo espiritual.

El conflicto es gratuito

En ningún caso tiene por qué entrar en conflicto la formación espiritual con la científica que el niño irá recibiendo en la escuela. Los padres y educadores deben saber ayudar al niño a armonizarla para no crearle conflictos que resolverá mal, pues no se sentirá bien cerrando los ojos a una enseñanza a favor de la otra. La verdad sólo es una, y ésta seguro que no se reduce a una sola perspectiva. La historia ha demostrado suficientemente que nos toca ser humildes en lo que aún no sabemos. El exclusivismo, venga de donde venga, no es un motivo para enorgullecerse, más bien forma parte de la ignorancia.

14: Educar hijos con problemas

Parte 4.

La persona es una voluntad iluminada por una inteligencia y asediada por las pasiones.

Es frecuente encontrar padres estresados, desanimados y desbordados a causa de los problemas que les presentan sus hijos. Intentan controlar y superar la situación de diferentes maneras, pero en ocasiones, parece que cuanto más se esfuerzan por hacer las cosas bien, menos lo consiguen. Las personas con las que se relacionan les dan sus opiniones y consejos que les lleva a experimentar diferentes sentimientos y reacciones: culpabilidad, incompetencia, conformismo, altos niveles de excitación, evitación, etc. Es importante que los padres sepan discriminar y reconocer lo que es normal y lo que no lo es, lo que se puede atribuir a causas físicas o emocionales, y lo que son cuestiones del desarrollo o de la influencia ambiental. La razón es obvia: pueden con toda su buena intención potenciar el problema en vez de reducirlo.

Cuando se habla de un niño con problemas, generalmente se hace referencia a un tipo de conducta que sale de los márgenes que pueden considerarse normales. Supongamos un grupo de diez niños que en medio de una excursión por la montaña encuentran una culebra. No todos los niños tendrán la misma reacción:

Siete de ellos se mantienen en un actitud prudente guardando cierta distancia.

Dos de ellos se acercan muy decididos y la intentan coger con las manos para jugar con ella.

Un niño queda paralizado y experimenta cambios fisiológicos importantes.

Lo normal en este caso viene marcado por la conducta de los siete niños. Las otras dos reacciones no se pueden considerar estadísticamente normales. Pero nadie pensaría que los dos niños sufren ningún trastorno; en cambio, todos estarían de acuerdo en que el niño que se quedó paralizado sufre una fobia.

A modo orientativo, se podrían establecer dos criterios para considerar que un niño tiene un problema:

- **La normalidad:** El distanciamiento que presenta con respecto al término medio de la mayoría de niños de su edad.
- **La disfuncionalidad:** El nivel de adaptación que presenta la conducta en una situación determinada.

Por supuesto que no hay que confundir lo que se viene diciendo con cuestiones propias del temperamento propio del niño.

Hay padres que después de tener un hijo flemático, piensan que un niño nervioso no es normal. Es cierto que sus conductas son totalmente diferentes y opuestas, pero la gama de conductas que están dentro de la normalidad es muy extensa.

Ahora bien, una cosa es que un niño tenga el temperamento nervioso y a causa de esto sea inquieto; otra muy diferente es que sea hiperactivo. Un niño hiperactivo con déficit de atención, tiene un trastorno que debe ser tratado.

Si los padres intentan educar a un niño con un trastorno de hiperactividad con las expectativas de un niño normal, lógicamente se sentirán frustrados y desesperados. Su forma de tratarlo estará más centrada sobre los comportamientos que sobre las causas de estos comportamientos, y sin quererlo, pueden caer en una dinámica que empeore la situación.

Por otra parte, hay padres que cuando tienen un niño inquieto y lo califican de hiperactivo por alguna cosa que han escuchado o leído, suelen tolerarle demasiado sus malas conductas justificándolas con el diagnóstico que ellos han elaborado. Pierden de este modo unos años preciosos para su educación.

Causas generales de los trastornos

En psicología es muy importante el conocimiento de las causas que provocan los trastornos. Se asume que cada *efecto* corresponde a alguna *causa*. Sólo a través del conocimiento de las causas podrá realizarse un tratamiento efectivo de los trastornos.

A continuación se relacionan una serie de causas que vendrían a justificar la mayoría de trastornos que se presentan en la infancia. Con cada causa se acompaña un ejemplo de trastorno para dar mejor idea de su amplio espectro de posibilidades. Hay que tener en cuenta, que cada una de estas causas puede ser la responsable de varios trastornos. Así mismo, un determinado trastorno puede ser producido por diferentes causas. Es cierto que la cuestión es compleja, pero lógicamente estamos tratando con un tema que no compete a una especialidad facultativa exclusiva, sino a varias según el caso.

- *Causas genéticas.* Un error en el código genético. Ej.: Síndrome de Turner.
- *Causas neurológicas.* Una lesión en la estructura cerebral. Ej.: Afasia.
- *Causas neurofisiológicas.* Un funcionamiento deficiente del sistema nervioso. Ej.: Trastorno por déficit de atención con hiperactividad.
- *Causas biológicas.* Una cierta carencia hormonal como la testosterona. Ej. Diferentes grados de infantilismo.
- *Causas fisiológicas.* Un mal funcionamiento orgánico. Ej.: Problema de insomnio.
- *Causas relacionadas con el aprendizaje y maduración.* Déficit en la asimilación y coordinación de los estímulos. Ej.: Dislexia.
- *Causas relacionadas con la educación.* Trato incoherente por parte de los padres o educadores. Ej.: Agresividad.
- *Causas afectivas.* Déficit en la relación afectiva. Ej.: Sentimientos de inferioridad.
- *Causas emocionales.* Desestabilización y reactividad en las relaciones personales. Ej.: Ansiedad.

· *Causas ambientales.* Cambios en el ambiente que eliminan los referentes que daban estabilidad al niño. Ej.: Inseguridad.

· *Causas relacionadas con experiencias traumáticas.* El impacto emocional negativo recibido por el niño de forma súbita e intensa. Ej.: Fobias.

Tipos de trastornos

Aunque determinados trastornos sean diferentes, tales como la cefalea o la gastritis; tienen un denominador común: la tensión. Esta característica, que se genera en la mente y proyecta sus efectos en el organismo, se encuadra dentro de un tipo específico de problemas: los trastornos psicosomáticos. Esta agrupación tiene sentido si se consideran sus causas, características y modo de tratamiento. Complementa la relación anterior, y puede ayudar a los padres en la identificación y orientación de las posibles complicaciones en el proceso de crecimiento de sus hijos.

· *Trastornos psicosomáticos.* Ej.: Cefaleas.
· *Trastornos del comportamiento.* Ej.: Rebeldía.
· *Trastornos de las relaciones afectivas.* Ej.: Celos.
· *Trastornos de la comunicación.* Ej.: Tartamudez.
· *Trastornos del desarrollo.* Ej.: Autismo.
· *Trastornos psicosexuales.* Ej.: Masturbación compulsiva.
· *Trastornos de los hábitos.* Ej.: Comerse las uñas.
· *Trastornos del ánimo.* Ej.: Estados depresivos.
· *Trastornos de la conducta alimentaria.* Ej.: Bulimia.
· *Trastornos del sueño.* Ej.: Terrores nocturnos.
· *Trastornos de la psicomotricidad.* Ej.: Tics

Identificación, causas y tratamiento.

El propósito de la siguiente exposición es presentar algunas anomalías que son muy comunes, identificar sus manifestaciones, tomar conciencia de las causas que las provocan, e intentar en la medida de lo posible, facilitar algunas pautas para su tratamiento por parte de los padres y educadores. No es la intención sustituir la participación del especialista en el caso de que fuera necesaria. De todas formas, ante una situación que preocupe a los padres, lo propio es consultar al profesional sanitario que corresponda (médico, psicólogo) para salir de dudas.

TRASTORNOS POR CARENCIAS EN EL AUTOCONCEPTO

La autoestima como consecuencia de un sano autoconcepto, es esencial para el equilibrio de la persona. Se trata del concepto que ésta tiene de su valía y se basa en todos los pensamientos, sentimientos y experiencias que sobre sí misma ha ido registrando durante su vida.

Uno de los principales factores que diferencian al ser humano de los demás animales, es la conciencia de sí mismo: la capacidad de establecer una identidad y darle un valor. El problema de la autoestima reside básicamente en la facultad humana del juicio hacia uno mismo. El aprobarse o rechazarse a sí mismo produce diferentes emociones, algunas de las cuales pueden llegar a dañar considerablemente las estructuras psicológicas.

Conductas disfuncionales:

Cuando un niño no se siente suficientemente digno, desarrolla una serie de conductas que evidencian sus necesidades internas insatisfechas. La mayoría de veces no son conscientes de que sus conductas obedecen a causas diferentes de las que explican cuando sus padres les preguntan.

· *Necesidad de llamar la atención.* El niño se sube de pie sobre el sofá y da saltos. La madre, que lleva bastante tiempo hablando por teléfono, intercala en la conversación un aviso para el niño: "Bájate de ahí ahora mismo". Por supuesto, el niño sigue saltando. La madre interrumpe la conversación y baja al niño del sofá. Cuando vuelve a tomar el teléfono, el niño vuelve a subir, convirtiendo esta interacción con la madre en un juego. Cuando los hijos desarrollan conductas que obligan a la madre o al padre a centrar su atención en ellos, están consiguiendo su objetivo. La mayoría de las veces son "malas conductas" y los padres se enfadan con ellos; pero aunque así sea, los hijos lo prefieren antes de sentirse ignorados.

· *Poca seguridad en sí mismo.* "Es que mi hijo en muy tímido". Dice la madre, mientras el niño queda bloqueado y se sonroja ante otras personas. Puede que no se le dé mucha importancia, atribuyéndolo a una cuestión del crecimiento, pero suele ser un síntoma revelador.

· *Elevada susceptibilidad.* El niño se pone violento cuando la madre le dice: "Tu hermano es mucho más cuidadoso y obediente". Aunque las comparaciones peyorativas no suelen gustar a nadie, en este caso no puede soportar que se le compare con otro o se le critique.

· *Envidia – Celos.* El hermano mayor se queja: "El que siempre carga con las culpas soy yo". Seguramente que no es verdad, pero él lo percibe así. Sus sentimientos de inferioridad le llevan a exagerar unas cosas con respecto a otras. Sufre y manifiesta cambios de conducta a causa de compararse constantemente con otros, con el trato que reciben y respecto a lo que poseen.

· *Tendencia al perfeccionismo.* "No me siento bien, no me gusta como ha quedado, sé que si me esfuerzo más quedará bien..." Teme que no sea satisfactorio lo que hace, o que no consiga la aprobación de los demás y se esfuerza exageradamente en conseguir una realización impecable.

· *Autoritarismo.* El niño le dice a la madre: "Quiero que me des la merienda ahora, que es tu obligación". Si la situación lo favorece puede mostrar una conducta totalmente opuesta a su perfil habitual, exigiendo e imponiendo su voluntad sobre los demás miembros de la familia.

· *Aislamiento.* La niña pasa muchas horas sola en su habitación, y rechaza cualquier sugerencia o invitación para abandonarla: "Me siento muy bien escuchando música en mi habitación.... No tengo ganas de ver a nadie..." Muchas veces prefiere la soledad que la participación en actividades sociales.

· *Compensación.* "Cuando sea mayor, quiero ser misionero". Suele ocultar sus sentimientos de inferioridad esforzándose en desarrollar una condición que capte la atención y el respeto de los demás.

· *Crítica.* "He tenido que meter yo el gol porque los delanteros juegan muy mal". El criticar a los demás le hace sentirse mejor, es una forma de mejorar la imagen que tiene de sí mismo.

Causas del bajo autoconcepto.

La mayoría de las concepciones negativas sobre uno mismo provienen de la primera infancia. De forma consciente o inconsciente los adultos mezclan tratos de afecto con otros que atentan contra la dignidad y valoración del niño. Progresivamente el niño va desarrollando una serie de creencias sobre sí mismo, que corresponden necesariamente a la particular interacción que se establece entre él y las personas que constituyen su ambiente.

Entre las actitudes y acciones más comunes de los adultos que provocan sentimientos de inferioridad en los niños se encuentran las siguientes:

· *Rechazo.* Cuando los padres hacen sentir al hijo que no lo aman, suele formarse en el niño la sensación de que es indigno y de que carece de las condiciones exigidas por las normas de los demás.

· *Castigo.* En muchos niños se forman graves sentimientos de inferioridad e indignidad a causa de los castigos que han recibido. El tipo de castigo, la forma de aplicarlo, la desproporción, y la frecuencia son factores determinantes para la interpretación negativa que el niño hace sobre sí mismo.

· *Burlas.* Poner al niño apodos menospreciativos, burlarse, reírse de sus carencias o desaciertos, sin duda contribuirá a lesionar su propia valoración.

· *Corrección negativa.* Cuando los padres u otros adultos humillan al niño reprendiéndolo con dureza, sobre todo en presencia de extraños, hieren profundamente su dignidad.

· *Comparaciones adversas.* A veces sin mala intención, pero con muy poco acierto, el niño es comparado frecuentemente con hermanos o vecinos resaltando los logros y virtudes de éstos en detrimento del primero.

· *Solicitud excesiva.* La negativa de los padres a que el hijo tome sus propias decisiones y aprenda a responsabilizarse, provoca en él la sensación que sin su ayuda no será competente.

· *Perfeccionismo.* Cuando se imponen normas y exigencias elevadas y ajenas a la realidad, los padres están echando las bases de sentimientos de inferioridad en el niño.

· *Desilusiones.* Los fracasos que el niño puede experimentar pueden afectar a su valoración y competencia si los padres no saben racionalizarlos y reconducirlos para su crecimiento personal.

Tratamiento.

Una vez se ha tomado conciencia del problema en el niño, lo propio es pasar a *identificar aquellas conductas de los adultos que causan su estado*, o están en la actualidad reforzando su bajo autoconcepto. En principio esto no es lo más fácil, a las personas nos cuesta detectar y reconocer nuestros errores. Es más fácil ver los errores de los demás. Pero conociendo esta condición humana podemos sacarle buen partido: los adultos que conviven juntos pueden ayudarse mutuamente a tomar conciencia de las expresiones y conductas que se deben mejorar.

Otro recurso efectivo es habituarse a *pensar un momento antes de hablar o actuar*, así es posible darse unos segundos para imaginar qué tipo de consecuencias podrá tener nuestro comportamiento sobre los hijos.

Es cuestión de ponerse en su piel: ¿Cómo encajaríamos la frase o el acto que vamos a realizar como padres si estuviéramos en su lugar de hijo?

Si deseamos mantener en estado saludable el autoconcepto de nuestro hijo, no puede faltarle *la expresión de afecto y reconocimiento sincero por lo que es como persona* y por lo que significa en la vida de sus padres. También lo necesita por lo que hace bien, pero no hay que caer en el error de reconocerle sólo por lo que hace.

El niño necesita ayuda para ser consciente por sí mismo de todos los valores y atributos que tiene. Este hecho lo protegerá contra los diferentes ataques que sufrirá sobre su imagen personal a lo largo de su vida. De lo contrario muchas veces lo harán sentir indigno o inferior y puede terminar creyéndoselo.

No sólo hay que expresarle sus valores personales, él también necesita evidencias reales y prácticas: *Mostrar confianza en sus capacidades, dándole oportunidades de forma progresiva,* asegura su competencia y seguridad en sí mismo.

Si le decimos que es importante para nosotros y no queremos confundirle, *tendremos que dedicarle tiempo de calidad para poder comunicarnos y compartir actividades que estén relacionadas con sus intereses.*

Es necesario que pueda sentirse como un miembro de *primera fila* dentro de la familia, y no un marginado a causa de su edad e inmadurez. Para ello, *será conveniente hacerle partícipe de forma apropiada a su edad, de las cosas que comparte el resto de la familia.*

Nunca debe faltar el *trato respetuoso y considerado que se merece.* No importa la circunstancia, su valor como persona no debe cambiar; sólo son sus actos los que son susceptibles o no de aprobación.

Si se reprime en el niño la expresión de sus pensamientos negativos, también lo hará de los positivos. Más bien *conviene entrenarlo a discriminar y cambiar los pensamientos negativos por positivos.* Tanto sobre sí mismo como respecto a las circunstancias debe habituarse a pensar y sentir positivamente para no caer en el victimismo.

TRASTORNOS POR CAUSAS DE ANSIEDAD

La ansiedad es un estado emotivo desagradable, indefinido e indefinible, en el que la falta de seguridad produce en la persona diferentes sensaciones negativas como el miedo, alteraciones conductuales como la aceleración, y fisiológicas como el ahogo. Si los estados de ansiedad son intensos o prolongados en el tiempo pueden derivar en problemas mayores como crisis de angustia, estados neuróticos y enfermedades psicosomáticas.

Es necesario distinguir entre miedo y ansiedad. El miedo es una emoción que se genera en el momento en que percibimos un peligro. Esta emoción produce una reacción normal en nuestro organismo con cambios fisiológicos manifiestos, los cuales facilitan la respuesta ante la amenaza. En principio, el miedo funciona como un mecanismo de supervivencia y si nos ayuda a actuar de forma eficaz ante situaciones peligrosas puede considerarse como un factor positivo.

Cuando el miedo deja de ser específico y persisten los cambios fisiológicos en nuestro organismo, estamos hablando de ansiedad. En este caso, no es el área consciente de nuestra mente quien produce esta alteración, sino la inconsciente.

Trastornos más comunes.
Fundamentalmente los trastornos producidos por ansiedad pueden agruparse en tres categorías:

· *Ansiedad generalizada.* Conocida como *estado de ansiedad,* los niños que lo sufren están ansiosos de manera continua, como si estuvieran en un estado de alerta permanente. Se les ve tensos e inquietos, y según el grado de importancia, suelen tener desórdenes en el organismo tales como: insomnio, palpitaciones, cefaleas, sensación de ahogo, diarreas, alergias, etc.

· *Crisis de angustia.* Conocidas también como *ataques de pánico,* se pueden presentar en cualquier momento y sin necesidad de un desencadenante que lo justifique. Estas crisis se acompañan de todas las manifestaciones propias de la ansiedad, tales como: miedo, sensación de ahogo, sudor, aceleración del pulso, etc., pero en un grado extremo.

· *Las fobias*. Cuando los miedos infantiles dejan de ser transitorios hablamos de fobias. Las fobias son una forma especial de miedo que responde a las siguientes características: El miedo es desproporcionado a la situación, no puede ser eliminado racionalmente, ni controlado voluntariamente.

El niño o la niña puede tener fobia a cualquier objeto o situación; la forma de denominarla es con la palabra griega que identifica el objeto, seguida de la palabra fobia. Ej.: Claustrofobia: Miedo a los espacios cerrados. Zoofobia: Miedo a los animales, etc.

Algunas de las fobias tienden a remitir espontáneamente con el paso del tiempo en periodos que oscilan entre 1 y 4 años. Por el contrario, otras fobias, dependiendo de las causas que las han originado, persistirán hasta que sean debidamente tratadas.

Manifestaciones conductuales y somáticas.

Conductuales. Las actitudes, reacciones y conductas generadas o influidas por los estados de ansiedad pueden ser muy numerosas y diversas, pero podrían agruparse en las siguientes categorías:

· *Reacciones de evitación.* Ej.: Excusas, mentiras, decisiones alternativas, etc.
· *Inseguridad.* Ej.: Dificultad para tomar decisiones, torpeza en la ejecución de tareas, excesivo apego, etc.
· *Distimias.* Ej.: Mal humor, reacciones desproporcionadas, tristeza, etc.
· *Falta de atención y control.* Ej.: Dificultades en la comprensión y retención, despistes, hiperactividad, tics, etc.
· *Malos hábitos.* Ej.: Comerse las uñas, arrancarse el cabello, etc.
· *Obsesiones y compulsiones.* Ej.: Sentimientos de culpa, ordenar y reordenar las cosas, ingestión de comida, etc.

Somáticas. Cada vez más la ciencia médica está reconociendo enfermedades con origen o influencia ansiosa. Las emociones negativas se proyectan hacia el organismo a través del sistema nervioso y pueden afectar a cualquier órgano; pero a su vez, la ansiedad también provoca una reducción del sistema inmunológico, haciendo el organismo más vulnerable a agresiones externas, o lo trastoca de forma que este sistema elabore anticuerpos contra estructuras del propio organismo.

Siempre hay que someterse al examen médico ante una manifestación somática. Cuando se descartan causas orgánicas, el mismo facultativo ya diagnosticará el estado de ansiedad e indicará su tratamiento específico (médico o psicológico).

Por lo dicho hasta aquí, ya se desprende que el número de enfermedades psicosomáticas puede ser muy extenso y variado, difícil de categorizar. Cualquier órgano o función del organismo es susceptible de ser afectado por la ansiedad produciendo síntomas en el caso más leve, o enfermedad en el más grave.

Causas de la ansiedad.

Las causas generales del origen de los trastornos de ansiedad podrían agruparse en las siguientes:

· *Temores no resueltos.* En la vida cotidiana hay innumerables circunstancias que pueden generar algún tipo de temor. Cuando este temor se resuelve, el organismo vuelve a su estado de estabilidad y no se ve afectado. Ej.: Posibilidad de separación de los padres.

· *Anticipación de consecuencias negativas.* La ansiedad en este caso tiene que ver con el trato que recibe por sus conductas. Ej.: castigos severos.

· *La inconsistencia de los padres en la educación.* Cuando los padres reprenden y castigan dependiendo de sus estados de ánimo y no de acuerdo a unas normas y en coherencia con ellas, los niños pueden entrar en una ansiedad neurótica. Ej.: Las típicas amenazas de un determinado castigo.

· *Conflictos interiores.* Cuando al niño se le transmiten creencias negativas sobre sí mismo y sus acciones. Ej.: Sentimientos de inferioridad.

· *Sus limitados recursos.* En ocasiones, los niños no tienen más remedio que atravesar situaciones estresantes para ellos, en las que no tienen los recursos necesarios para darles una salida. Ej.: El niño se encuentra privado de la presencia de los padres.

· *Impactos emocionales.* Un impacto emocional negativo intenso es motivo suficiente para desencadenar en el niño un estado de ansiedad continuado, aunque la situación haya desaparecido. Ej.: un abuso sexual.

Tratamiento.

Existen una serie de técnicas terapéuticas con reconocimiento universal para eliminar la ansiedad. Su efectividad es tan buena para niños como para adultos, aunque en su aplicación debe tenerse en cuenta la edad, las características de la persona y el problema en concreto. Dependiendo del caso, es normal que un tipo de técnicas sea más efectivo que otro. Las técnicas más utilizadas son las siguientes:

· *Técnicas de exposición.* El niño es expuesto a los estímulos fóbicos de dos formas posibles: usando su imaginación o en la realidad. Se suele seguir un programa en el que el niño va asimilando de forma progresiva las aproximaciones al objeto o situación generadora de ansiedad hasta que ésta desaparece

· *Técnicas de relajación.* A través de ellas se aprende a reducir la ansiedad no específica y a conseguir el control de la mente. Se trabaja relajando los principales grupos musculares del cuerpo de forma voluntaria y consciente, para que pueda hacer frente a las situaciones que le producen ansiedad.

· *Técnica de refuerzo positivo.* Se trata de adquirir nuevas conductas más adaptativas. Se basa en un nuevo aprendizaje conductual ante las situaciones ansiosas. El refuerzo positivo se va aplicando a todas las aproximaciones a la nueva conducta; progresivamente el significado que la situación tiene para el niño va cambiando y deja de generarle ansiedad.

· *Técnicas de modelado.* Se aprovecha la importancia que tiene en el aprendizaje y modificación de conductas, la observación en un modelo que realiza aquellos comportamientos que interesan ser imitados por parte del observador.

· *Técnicas cognitivas.* Los pensamientos negativos de un niño pueden llevarlo a percibir la realidad de forma incorrecta, y las emociones que en este caso se generan producen los estados de ansiedad. En el tratamiento cognitivo se trabaja en la modificación de los pensamientos negativos, sustituyéndolos por otros más adecuados y adaptativos.

· *Tratamientos farmacológicos.* Los psicofármacos son una ayuda complementaria al tratamiento psicológico en los casos que el descontrol o sufrimiento es muy elevado. No deben utilizarse en niños menores de 6 años.

TRASTORNOS POR DÉFICITS EDUCACIONALES

La educación de los hijos es una aventura plagada de interrogantes y sorpresas. Nadie se encuentra completamente preparado al principio; pero con voluntad de hacer las cosas bien, junto con la formación adecuada, muchos padres pueden defenderse bastante bien y disfrutar en el camino.

Educar es dirigir y encaminar a un niño, desarrollando sus facultades intelectuales y morales, por medio de la comunicación y aprendizaje sistemático de conceptos, conocimientos y habilidades, que le permitirán valerse por sí mismo de forma adaptativa y satisfactoria en el futuro.

Conductas disfuncionales.

Los déficits en la educación, necesariamente, resultarán en posteriores problemas personales del niño, y en su relación con los demás; en la forma que enfrentará las situaciones, sus actitudes, reacciones, estabilidad emocional, capacidad de razonamiento, escala de valores y competencia.

En este apartado podrían relacionarse trastornos que se solaparían con otros mencionados en apartados anteriores, por ello, se limitará la consideración a cinco conductas disfuncionales:

· *Indisciplina.* El niño no colabora en lo que se le pide; y si lo hace, lo hace de mala gana. Siempre se queja y parece continuamente dispuesto a hacer lo contrario de lo que debe.

· *Agresividad.* El niño se ha vuelto muy agresivo, tanto con los padres como con los demás hermanos. Aunque se le castiga persiste en sus malas conductas.

· *Adicciones.* El niño parece haberse vuelto adicto a la televisión o a los juegos de ordenador, todo lo demás le aburre, no sabe pensar y actuar creativamente.

· *Inadaptación.* El niño ha abandonado su cuidado personal y el de sus pertenencias; todo lo tiene desordenado, y no parece apreciar las cosas de valor que posee. No se le ve feliz, está desmotivado, tiene problemas con sus hermanos y compañeros de escuela.

· *Incompetencia.* Parece que el niño es apto para muy pocas cosas: la escuela, el juego, la televisión y el ordenador. Lo demás es incapaz de hacerlo, siempre necesita a alguien que esté pendiente de él para suplirle en todo lo que necesita.

Causas generales.

Las causas generales de los déficits educacionales pueden agruparse en dos categorías:

a) La falta de empatía. Por empatía se entiende la capacidad que tendrán los padres de tomar conciencia de las necesidades anímicas y sentimientos del niño para poder suplirlas en primer lugar.

El origen de muchas de las malas conductas, se encuentra en el malestar que experimenta el niño al no tener satisfechas sus necesidades anímicas básicas. El niño necesita sentirse *amado, valorado, útil, seguro, digno y compartir placeres.* Cuando alguna de estas necesidades no recibe satisfacción, el niño comienza a experimentar emociones y sensaciones negativas. Su instinto de supervivencia le lleva a generar conductas que compensen o neutralicen su malestar. Muchas veces son disfuncionales entrando en conflicto con el ambiente que le rodea. Los padres suelen reaccionar a la conducta, estableciéndose círculos viciosos responsables de la instauración de hábitos y trastornos conductuales.

b) El aprendizaje no adecuado. Es imposible *no comunicar,* porque las personas que rodean a la niña y al niño siempre le están transmitiendo algún tipo de mensaje; muchas veces contradictorio, o contrario al que desearían que recibiera. Los niños se encuentran en aprendizaje continuo. El buen aprendizaje se hace muy difícil por parte de los niños cuando faltan algunos elementos fundamentales que los pauten. Además, hay que tener presente que sus frustraciones generarán emociones causantes de las conductas descritas anteriormente.

El niño necesita siempre tener claro lo que ha de hacer en un momento determinado. Los padres pueden darlo por supuesto, y así exigírselo; pero no dejará de ser injusto el hacerlo si aún no ha asimilado lo que se espera de él.

En otras ocasiones el niño sabe lo que tiene que hacer, *pero no cómo hacerlo.* Su competencia en aquella tarea aún no es buena y necesita ayuda. Negársela, echarle una bronca o abandonarlo, llevará al niño a reacciones negativas.

El niño no recibe las consecuencias de sus conductas con la debida coherencia. *La falta de coherencia en los padres* produce confusión y emociones negativas.

El niño experimenta frustraciones cada vez que sus expectativas sobre algo no se cumplen. Hay que tener en cuenta que los padres son los que van conformando estas expectativas en los hijos. Esto significa que, cuanto más normalizado esté todo, menos posibilidad de frustraciones tendrá.

El niño no recibe un moldeado suficientemente consistente. Los refuerzos positivos y las correcciones no son sistemáticas ni directamente relacionadas con las conductas; sino que dependen de otros factores que no están bajo el control del niño, como los cambios de ánimo de los padres. A causa de ello, el niño actuará más impulsivamente y con inestabilidad emocional.

El niño no asimila adecuadamente los principios que debe aprender. Como se ha expuesto más detalladamente en otro capítulo, el aprendizaje termina con la asimilación de las enseñanzas. Si estos procesos no se completan, las conductas del niño pueden ser ambivalentes, influidas por las circunstancias e inadaptadas.

Tratamiento.

Generalmente, cualquier niño normal responde perfectamente a los principios universales del aprendizaje. Cuando unos padres se encuentran con reacciones negativas o falta de eficacia ante la aplicación de un determinado principio de aprendizaje, hay que pensar que algún factor influyente se está ignorando. Nunca hay ninguna conducta que no tenga una razón de ser.

A continuación se enumeran unas pautas que podrán ayudar para una educación constructiva y satisfactoria.

· *Desarrollo de la empatía.* Tratar al niño como nos gustaría ser tratados a nosotros, es el principio del amor. Hay que poner atención e interés en conocer las necesidades y sentimientos de los hijos, sólo así los padres tendrán muchas probabilidades de acertar y preparar el camino para poder construir sobre esta base otros valores.

· *Los objetivos.* Sin objetivos claros por parte de los padres y educadores con respecto a lo que se quiere construir en el niño, será muy difícil tener la seguridad de seguir el camino correcto.

· *El programa de aprendizaje.* Junto con los objetivos, será necesario proveernos del plan o del programa para poderlo conseguir. El tipo de valores, enseñanzas, habilidades y hábitos que se trabajen y sean asimilados por el hijo, lo acercarán a los objetivos deseados.

· *La coherencia.* Las conductas de los padres y educadores, así como el trato y relación que se establezca con los niños, han de ser totalmente coherentes con los principios que se le tratan de transmitir.

· *La sistematización.* Para que sea posible un determinado aprendizaje, es necesario que exista un determinado conjunto de reglas y principios, con su mecanismo causa-efecto actuando de forma consistente.

· *La perseverancia.* Para que los principios que se transmiten queden instaurados en el niño y dirijan el resto de su vida, será necesario que los padres persistan con paciencia en los primeros años, hasta que formen parte de su forma de ser.

TRASTORNOS A CONSECUENCIA DE IMPACTOS EMOCIONALES

Un trauma psicológico es un impacto emocional que deja una huella profunda y duradera en el inconsciente. Una vez que la situación o circunstancia impactante ha desaparecido, la persona tiene la impresión de que su influencia ha terminado, pero generalmente no es así.

Se podría decir que la persona no es la misma que antes; en su experiencia existe un registro muy intenso que ha efectuado unos cambios biológicos en el sistema neuronal y le produce unas reacciones nuevas y poco adaptativas.

Conductas disfuncionales.

Las conductas disfuncionales relacionadas con un impacto emocional pueden agruparse en tres categorías:

a) Estado de ansiedad. Cuando el niño dice que ya no se siente mal con respecto al suceso que le afectó de forma traumática, posiblemente está diciendo la verdad. Pero hay que tener presente que está hablando a nivel consciente. Lo que experimenta en este momento está relacionado con la realidad que vive.

Puede ocurrir que las personas que cuidan de él observen cambios en su conducta como los descritos en el apartado de los trastornos por causas de ansiedad. Si el estado de ansiedad se ha establecido, se podrá valorar un antes y un después en su conducta o equilibrio funcional del organismo.

b) Cambios anímicos. Otro tipo de cambios, dependiendo del tipo de experiencia traumática, estarán relacionados con su autoconcepto, con sus estados de ánimo, y con el modo de relacionarse con los demás.

El niño debe enfrentarse a unos nuevos pensamientos y sentimientos negativos generados por la experiencia que no le será fácil cambiar.

c) Reestimulación de los síntomas. Cuando tiene lugar el impacto emocional, necesariamente va asociado a unos cambios fisiológicos del organismo. Estas sensaciones quedan registradas junto con la huella del recuerdo, de tal forma que si la persona enfoca mentalmente la experiencia, volverá a experimentar los mismos síntomas que en la situación que vivió.

Por otra parte, el instinto de supervivencia nos lleva a olvidar aquello que nos resulta desagradable y nos parece haberlo conseguido cuando no nos acordamos más del suceso.

Pero una particularidad de nuestra mente inconsciente es que dispone de un mecanismo de asociación atemporal que no está sujeto necesariamente a la voluntad ni al razonamiento.

Este mecanismo es el responsable de activar los síntomas psicofisiológicos registrados en nuestra mente inconsciente cuando vivimos una situación que ésta asocia con la que quedó registrada en su día.

Esta es la razón por la que tanto niños como adultos reaccionan de forma irracional ante determinadas situaciones.

Algunas causas frecuentes.

Son causas frecuentes de traumas emocionales en los niños las siguientes:

· *Abusos sexuales.* La mayoría de las veces el niño lo sufre solo. Este tipo de experiencia suele afectarle en los tres tipos de conductas descritos anteriormente. Muchas de las disfunciones sexuales están relacionadas con estas experiencias.

· *Accidentes.* Lo importante en un accidente para generar el trauma emocional, es su vivencia particular de la situación. Esta vivencia la determinarán las emociones que se han generado asociadas al registro mental de la experiencia.

· *Malos tratos.* No solamente las palizas pueden generar este tipo de trastornos, sino también, dependiendo de la sensibilidad del niño, frases negativas en un contexto y momento determinado.

· *Ausencia de estímulos.* Las situaciones en que el niño pierde de vista a las figuras que le dan seguridad en un contexto extraño, o el encontrarse encerrado en una habitación a oscuras.

· *Estímulos intensos.* Los niños son asustados muchas veces con animales que les atacan, o visiones de escenas con monstruos.

Tratamiento.

Hay diversas formas de solucionar este tipo de trastorno.

· *Desarrollando un nuevo aprendizaje mental.* Usando algunas de las técnicas expuestas en el apartado dedicado a la ansiedad, se puede ayudar al niño a enfrentar de una nueva forma las situaciones que el inconsciente asocia con la experiencia impactante original.

· *Catarsis.* Existen técnicas adecuadas para niños a partir de los diez años, eficaces para reducir el impacto emocional interiorizado, a base de provocar una liberación de las emociones y sensaciones somáticas.

Es necesario evitarle al niño aquellas situaciones que puedan reforzar el impacto emocional recibido hasta que no quede solucionado el trastorno.

Si educar se hace difícil

Cuando los padres tienen que enfrentarse a la educación de hijos con problemas, la educación realmente se hace difícil. Pero no hay que perder de vista dos cosas:

No se puede dejar de educar. La responsabilidad de los padres es educar, por el bien del hijo, de la familia y de la sociedad. No se puede tirar la toalla si el proceso se hace largo y difícil. Menos todavía, entrar en la dinámica del mínimo conflicto, o en convertir la convivencia en un infierno. La misión es educar, por encima de las circunstancias. Con amor, con inteligencia, con firmeza y paciencia; asumiendo de buen grado la situación que como padres nos toca vivir.

Debemos estar a la altura del tipo de educación que requieren nuestros hijos. Determinados métodos pueden servir para unos y no para otros. Hay niños fáciles y otros difíciles. Ante dos niños diferentes, si se desea que ambos puedan conseguir condiciones similares de vida en lo esencial, los padres también han de ser "diferentes". Esto significa que como padres tendremos que cambiar nuestros esquemas mentales y presupuestos educativos hasta donde haga falta. Esforzarnos en prepararnos y formarnos convenientemente, adquirir nuevos hábitos y desarrollar nuevas actitudes para atender más adecuadamente a nuestros hijos. Tomar el compromiso de la paternidad y de la maternidad, es emprender una aventura sin condicionantes por nuestra parte, es un acto de entrega y de amor que necesariamente ha de cambiar nuestras vidas para enriquecerlas como ninguna otra cosa más en este mundo. Transmitir esto a nuestros hijos y a nuestras hijas será el mejor legado que les podamos dejar.

Respuesta de unos "padres del mundo" a la carta de un hijo

Querido hijo:

Te amamos de todo corazón aunque no siempre hemos sabido mostrártelo. Sentimos profundamente no haber estado acertados en muchas ocasiones, pero nadie nos ha enseñado, hemos intentado hacerlo lo mejor que hemos sabido.

Sólo por verte feliz, te daríamos el mundo entero con gusto. Pero no lo haremos; no te daremos todo lo que pidas porque te amamos, y debemos proveerte de lo que es bueno para ti. Todo aquello que realmente te ayude a desarrollarte como una persona de bien.

Intentaremos no gritarte más. Demasiadas veces nuestra frustración e impotencia se convierte en ira y gritos. Nos cuesta asimilar que estamos en un proceso de mutua adaptación. Pondremos todo nuestro empeño en tratarte como nos gusta que nos traten a nosotros.

Te pediremos las cosas de forma correcta y respetaremos las normas. Así te ayudaremos a ser responsable con tu vida. Tú serás el que decidas por ti mismo el hacer lo que debes o asumir la consecuencias propias de tus decisiones.

Cumpliremos nuestras promesas y advertencias aunque a veces nos sea difícil. Tu confianza es lo más importante para nosotros y deseamos mantenerla íntegra.

Para nosotros eres único, no te cambiaríamos por nadie. Si a veces hemos hecho comparaciones, ha sido pensando en estimularte y hacerte reaccionar para tu bien. Hoy sabemos que este sistema no es el mejor. Nunca volveremos a cometer la injusticia de compararte con alguien.

A veces también nos sentimos desorientados y confusos igual que tú, tenemos temor de no hacer las cosas bien, pero pondremos nuestro empeño en actuar con más serenidad, en no precipitarnos para rectificar seguidamente. Deseamos que te sientas tranquilo y seguro a nuestro lado.

Te vas haciendo mayor sin darnos cuenta, y nos preocupa tanto cuidarte y protegerte, que nos olvidamos de dejarte ser tú mismo. Pero lo haremos, te ayudaremos a desarrollar tu propia personalidad, para que puedas disfrutar de una sana autoestima y una sólida confianza en ti mismo.

A veces nos olvidamos de que tu corazón siente como el nuestro; nos enfadamos con facilidad y nos cuesta controlarnos. No pensamos tanto en ti como en lo que has hecho, y te decimos cosas que te hacen daño. Estamos aprendiendo a corregirte con el amor y respeto que mereces.

Si observas que actuamos contradiciendo lo que te hemos enseñado, te agradeceremos que nos corrijas. Nosotros también lo necesitamos. No queremos mentir, ni que tú mientas, ni mucho menos usarte en una mentira. Nada de eso es digno de nuestra familia y debemos comprometernos a vivir en consecuencia.

A veces nos daría más seguridad si supiéramos el por qué haces algunas cosas, por eso te exigimos explicaciones. En realidad nos ocurre a nosotros lo mismo: no siempre sabemos a ciencia cierta la razón de algunas de nuestras conductas. Pero intentaremos ponernos en tu lugar para comprenderte mejor, para sustituir las explicaciones por acciones que den paz a tu alma.

Admitiremos nuestras equivocaciones, y te pediremos perdón cuando te tratemos injustamente. Deseamos ser honestos contigo para que tú también aprendas a serlo.

Deseamos con todo el corazón ser tus mejores amigos. Compartir contigo tus ilusiones y preocupaciones, para que nunca te sientas solo. Estamos aprendiendo a escucharte y a conversar contigo; no creas que es fácil para nosotros, pues creces rápido y experimentas cambios muy importantes. Pero ten por seguro, que lo que es importante para ti, también lo es para nosotros.

Intentaremos ser el mejor ejemplo para ti, para que tú puedas ver en nosotros el modelo y la práctica de todo lo que te enseñamos. Piensa que no somos perfectos, ni deseamos que tú lo seas. Pero sí coherentes con lo que pensamos y decimos.

Aparte de esforzarnos para cubrir tus necesidades materiales, deseamos que puedas asimilar valores morales y espirituales. Para ello, trabajaremos juntos día a día construyendo la mejor herencia que podemos darte: la riqueza interior. Deseamos que puedas experimentar y reflejar en tu vida el amor, la paz, la alegría y muchas cosas más, independientemente de las situaciones que vivas.

Te queremos, y estamos aprendiendo a expresártelo mejor. Estamos ahí contigo, incondicionalmente a tu lado, aunque a veces no te lo parezca. No podría ser de otra forma, porque tú eres nuestro hijo.

Tu madre y tu padre